edition suhrkamp

Walter Benjamin, geboren am 15. Juli 1892 in Berlin, nahm sich am 26. September 1940 auf der Flucht vor der Gestapo an der spanischen Grenze das Leben. Seine Hauptwerke sind: *Goethes Wahlverwandtschaften; Ursprung des deutschen Trauerspiels; Das Kunstwerk im Zeitalter seiner technischen Reproduzierbarkeit; Einbahnstraße; Berliner Kindheit um Neunzehnhundert* und mehrere Aufsätze, die zum Komplex der Fragment gebliebenen Arbeit *Paris, die Hauptstadt des 19. Jahrhunderts* gehören. Sammlung seiner Arbeiten in der zweibändigen Ausgabe der *Schriften*.

Walter Benjamin hat sich in seinem Aufsatz *Über einige Motive bei Baudelaire* und in manchen anderen Studien mit dem Ingenium Baudelaire befaßt; er charakterisiert den Dichter als einen Allegoriker im Zeitalter der aufkommenden Massen. Seine Übersetzung der *Tableaux Parisiens*, des zweiten Teils der *Fleurs du mal*, ist vielen unbekannt geblieben. Sie wird eingeführt durch Benjamins Essay *Die Aufgabe des Übersetzers*.

»Es ist das Einmalige der Dichtung von Baudelaire, daß die Bilder des Weibes und des Todes sich in einem dritten durchdringen, dem von Paris. Das Paris seiner Gedichte ist eine versunkene Stadt und mehr unterseeisch als unterirdisch.« *Walter Benjamin*

Charles Baudelaire
Tableaux Parisiens
Deutsch und mit einem Vorwort
versehen von Walter Benjamin

Suhrkamp Verlag

edition suhrkamp 34
1.–12. Tausend 1963
Der Text folgt dem auf fünfhundert Exemplare limitierten fünften Druck des Argonautenkreises, *Charles Baudelaire, Tableaux Parisiens, Deutsche Übertragung mit einem Vorwort über die Aufgabe des Übersetzers von Walter Benjamin, Heidelberg 1923.* Dem französischen Text liegt die Ausgabe letzter Hand zu Grunde, *Les fleurs du mal par Charles Baudelaire, seconde édition, Paris 1861.* Printed in Germany. Alle Rechte vorbehalten, insbesondere das des öffentlichen Vortrags und des Rundfunkvortrags, auch einzelner Abschnitte. Satz, in Linotype Garamond, Druck und Bindung bei Georg Wagner, Nördlingen. Gesamtausstattung Willy Fleckhaus.

Walter Benjamin
Die Aufgabe des Übersetzers

Nirgends erweist sich einem Kunstwerk oder einer Kunstform gegenüber die Rücksicht auf den Aufnehmenden für deren Erkenntnis fruchtbar. Nicht genug, daß jede Beziehung auf ein bestimmtes Publikum oder dessen Repräsentanten vom Wege abführt, ist sogar der Begriff eines ›idealen‹ Aufnehmenden in allen kunsttheoretischen Erörterungen vom Übel, weil diese lediglich gehalten sind, Dasein und Wesen des Menschen überhaupt vorauszusetzen. So setzt auch die Kunst selbst dessen leibliches und geistiges Wesen voraus – seine Aufmerksamkeit aber in keinem ihrer Werke. Denn kein Gedicht gilt dem Leser, kein Bild dem Beschauer, keine Symphonie der Hörerschaft.

Gilt eine Übersetzung den Lesern, die das Original nicht verstehen? Das scheint hinreichend den Rangunterschied im Bereiche der Kunst zwischen beiden zu erklären. Überdies scheint es der einzig mögliche Grund, ›Dasselbe‹ wiederholt zu sagen. Was ›sagt‹ denn eine Dichtung? Was teilt sie mit? Sehr wenig dem, der sie versteht. Ihr Wesentliches ist nicht Mitteilung, nicht Aussage. Dennoch könnte diejenige Übersetzung, welche vermitteln will, nichts vermitteln als die Mitteilung – also Unwesentliches. Das ist denn auch ein Erkennungszeichen der schlechten Übersetzungen. Was aber außer der Mitteilung in einer Dichtung steht – und auch der schlechte Übersetzer gibt zu, daß es das Wesentliche ist –, gilt es nicht allgemein als das Unfaßbare, Geheimnisvolle, ›Dichterische‹? Das der Übersetzer nur wiedergeben kann, indem er – auch dichtet? Daher rührt in der Tat ein zweites Merkmal der schlechten

Übersetzung, welche man demnach als eine ungenaue Übermittlung eines unwesentlichen Inhalts definieren darf. Dabei bleibt es, solange die Übersetzung sich anheischig macht, dem Leser zu dienen. Wäre sie aber für den Leser bestimmt, so müßte es auch das Original sein. Besteht das Original nicht um dessentwillen, wie ließe sich dann die Übersetzung aus dieser Beziehung verstehen?
Übersetzung ist eine Form. Sie als solche zu erfassen, gilt es zurückzugehen auf das Original. Denn in ihm liegt deren Gesetz als in dessen Übersetzbarkeit beschlossen. Die Frage nach der Übersetzbarkeit eines Werkes ist doppelsinnig. Sie kann bedeuten: ob es unter der Gesamtheit seiner Leser je seinen zulänglichen Übersetzer finden werde? oder, und eigentlicher: ob es seinem Wesen nach Übersetzung zulasse und demnach – der Bedeutung dieser Form gemäß – auch verlange. Grundsätzlich ist die erste Frage nur problematisch, die zweite apodiktisch zu entscheiden. Nur das oberflächliche Denken wird, indem es den selbständigen Sinn der letzten leugnet, beide für gleichbedeutend erklären ... Ihm gegenüber ist darauf hinzuweisen, daß gewisse Relationsbegriffe ihren guten, ja vielleicht besten Sinn behalten, wenn sie nicht von vornherein ausschließlich auf den Menschen bezogen werden. So dürfte von einem unvergeßlichen Leben oder Augenblick gesprochen werden, auch wenn alle Menschen sie vergessen hätten. Wenn nämlich deren Wesen es forderte, nicht vergessen zu werden, so würde jenes Prädikat nichts Falsches, sondern nur eine Forderung, der Menschen nicht entsprechen, und zugleich auch wohl den Verweis auf einen Bereich enthalten, in dem ihr entsprochen wäre: auf ein Gedenken Gottes. Entsprechend bliebe die Übersetzbarkeit sprachlicher Gebilde auch dann zu erwägen, wenn diese für die Menschen unüber-

setzbar wären. Und sollten sie das bei einem strengen Begriff von Übersetzung nicht wirklich bis zu einem gewissen Grade sein? – In solcher Loslösung ist die Frage zu stellen, ob Übersetzung bestimmter Sprachgebilde zu fordern sei. Denn es gilt der Satz: Wenn Übersetzung eine Form ist, so muß Übersetzbarkeit gewissen Werken wesentlich sein.
Übersetzbarkeit eignet gewissen Werken wesentlich – das heißt nicht, ihre Übersetzung ist wesentlich für sie selbst, sondern will besagen, daß eine bestimmte Bedeutung, die den Originalen innewohnt, sich in ihrer Übersetzbarkeit äußere. Daß eine Übersetzung niemals, so gut sie auch sei, etwas für das Original zu bedeuten vermag, leuchtet ein. Dennoch steht sie mit diesem kraft seiner Übersetzbarkeit im nächsten Zusammenhang. Ja, dieser Zusammenhang ist um so inniger, als er für das Original selbst nichts mehr bedeutet. Er darf ein natürlicher genannt werden, und zwar genauer ein Zusammenhang des Lebens. So wie die Äußerungen des Lebens innigst mit dem Lebendigen zusammenhängen, ohne ihm etwas zu bedeuten, geht die Übersetzung aus dem Original hervor. Zwar nicht aus seinem Leben so sehr denn aus seinem ›Überleben‹. Ist doch die Übersetzung später als das Original, und bezeichnet sie doch bei den bedeutenden Werken, die da ihre erwählten Übersetzer niemals im Zeitalter ihrer Entstehung finden, das Stadium ihres Fortlebens. In völlig unmetaphorischer Sachlichkeit ist der Gedanke vom Leben und Fortleben der Kunstwerke zu erfassen. Daß man nicht der organischen Leiblichkeit allein Leben zusprechen dürfe, ist selbst in Zeiten des befangensten Denkens vermutet worden. Aber nicht darum kann es sich handeln, unter dem schwachen Szepter der Seele dessen Herrschaft auszudehnen, wie es Fechner versuchte; geschweige, daß Leben aus den noch weniger

maßgeblichen Momenten des Animalischen definiert werden könnte, wie aus Empfindung, die es nur gelegentlich kennzeichnen kann. Vielmehr nur, wenn allem demjenigen, wovon es Geschichte gibt und was nicht allein ihr Schauplatz ist, Leben zuerkannt wird, kommt dessen Begriff zu seinem Recht. Denn von der Geschichte, nicht von der Natur aus, geschweige von so schwankender wie Empfindung und Seele, ist zuletzt der Umkreis des Lebens zu bestimmen. Daher entsteht dem Philosophen die Aufgabe, alles natürliche Leben aus dem umfassenderen der Geschichte zu verstehen. Und ist nicht wenigstens das Fortleben der Werke unvergleichlich viel leichter zu erkennen als dasjenige der Geschöpfe? Die Geschichte der großen Kunstwerke kennt ihre Deszendenz aus den Quellen, ihre Gestaltung im Zeitalter des Künstlers und die Periode ihres grundsätzlich ewigen Fortlebens bei den nachfolgenden Generationen. Dieses letzte heißt, wo es zutage tritt, Ruhm. Übersetzungen, die mehr als Vermittlungen sind, entstehen, wenn im Fortleben ein Werk das Zeitalter seines Ruhmes erreicht hat. Sie dienen daher nicht sowohl diesem, wie schlechte Übersetzer es für ihre Arbeit zu beanspruchen pflegen, als daß sie ihm ihr Dasein verdanken. In ihnen erreicht das Leben des Originals seine stets erneute späteste und umfassendste Entfaltung.

Diese Entfaltung ist als die eines eigentümlichen und hohen Lebens durch eine eigentümliche und hohe Zweckmäßigkeit bestimmt. Leben und Zweckmäßigkeit – ihr scheinbar handgreiflicher und doch fast der Erkenntnis sich entziehender Zusammenhang erschließt sich nur, wo jener Zweck, auf den alle einzelnen Zweckmäßigkeiten des Lebens hinwirken, nicht wiederum in dessen eigener Sphäre, sondern in einer höheren gesucht wird. Alle zweckmäßigen Lebenserscheinungen wie ihre Zweckmäßigkeit überhaupt sind letzten Endes zweckmäßig nicht für das Leben, sondern für den Ausdruck seines Wesens, für die Darstellung seiner Bedeutung. So ist die Übersetzung zuletzt zweckmäßig für den Ausdruck des innersten Verhältnisses der Sprachen zueinander. Sie kann dieses verborgene Verhältnis selbst unmöglich offenbaren, unmöglich herstellen; aber darstellen, indem sie es keimhaft oder intensiv verwirklicht, kann sie es. Und zwar ist diese Darstellung eines Bedeuteten durch den Versuch, den Keim seiner Herstellung, ein ganz eigentümlicher Darstellungsmodus, wie er im Bereich des nicht sprachlichen Lebens kaum angetroffen werden mag. Denn dieses kennt in Analogien und Zeichen andere Typen der Hindeutung als die intensive, d. h. vorgreifende, andeutende Verwirklichung. – Jenes gedachte, innerste Verhältnis der Sprachen ist aber das einer eigentümlichen Konvergenz. Es besteht darin, daß die Sprachen einander nicht fremd, sondern a priori und von allen historischen Beziehungen abgesehen einander in dem verwandt sind, was sie sagen wollen.

Mit diesem Erklärungsversuch scheint allerdings die Betrachtung auf vergeblichen Umwegen wieder in die herkömmliche Theorie der Übersetzung einzumünden. Wenn in den Übersetzungen die Verwandtschaft der Sprachen sich zu bewähren hat, wie könnte sie das anders, als indem jene Form und Sinn des Originals möglichst genau übermitteln? Über den Begriff dieser Genauigkeit wüßte sich jene Theorie freilich nicht zu fassen, könnte also zuletzt doch keine Rechenschaft von dem geben, was an Übersetzungen wesentlich ist. In Wahrheit aber bezeugt sich die Verwandtschaft der Sprachen in einer Übersetzung weit tiefer und bestimmter als in der oberflächlichen und undefinierbaren Ähnlichkeit zweier Dichtungen. Um das echte Verhältnis zwischen Original und Übersetzung zu erfassen, ist eine Erwägung anzustellen, deren Absicht durchaus den Gedankengängen analog ist, in denen die Erkenntniskritik die Unmöglichkeit einer Abbildtheorie zu erweisen hat. Wird dort gezeigt, daß es in der Erkenntnis keine Objektivität und sogar nicht einmal den Anspruch darauf geben könnte, wenn sie in Abbildern des Wirklichen bestünde, so ist hier erweisbar, daß keine Übersetzung möglich wäre, wenn sie Ähnlichkeit mit dem Original ihrem letzten Wesen nach anstreben würde. Denn in seinem Fortleben, das so nicht heißen dürfte, wenn es nicht Wandlung und Erneuerung des Lebendigen wäre, ändert sich das Original. Es gibt eine Nachreife auch der festgelegten Worte. Was zur Zeit eines Autors Tendenz seiner dichterischen Sprache gewesen sein mag, kann später erledigt sein, immanente Tendenzen vermögen neu aus dem Geformten sich zu erheben. Was damals jung, kann später abgebraucht, was damals gebräuchlich, später archaisch klingen. Das Wesentliche solcher Wandlungen wie auch der ebenso ständigen des Sinnes in der Subjektivität der Nachgeborenen statt im eigensten Leben der Sprache und ihrer Werke zu suchen, hieße – zugestanden selbst den krudesten Psychologismus – Grund und Wesen einer Sache verwechseln, strenger gesagt aber, einen der gewaltigsten und fruchtbarsten historischen Prozesse aus Unkraft des Denkens leugnen. Und wollte man auch des Autors letzten Federstrich zum Gnadenstoß des Werkes machen, es würde jene tote Theorie der Übersetzung doch nicht retten. Denn wie Ton und Bedeutung der großen Dichtungen mit den Jahrhunderten sich völlig wandeln, so wandelt sich auch die Muttersprache des Übersetzers. Ja, während das Dichterwort in der seinigen überdauert, ist auch die größte Übersetzung bestimmt, in das

Wachstum ihrer Sprache ein-, in der erneuten unterzugehen. So weit ist sie entfernt, von zwei erstorbenen Sprachen die taube Gleichung zu sein, daß gerade unter allen Formen ihr als Eigenstes es zufällt, auf jene Nachreife des fremden Wortes, auf die Wehen des eigenen zu merken.
Wenn in der Übersetzung die Verwandtschaft der Sprachen sich bekundet, so geschieht es anders als durch die vage Ähnlichkeit von Nachbildung und Original. Wie es denn überhaupt einleuchtet, daß Ähnlichkeit nicht notwendig bei Verwandtschaft sich einfinden muß. Und auch insofern ist der Begriff der letzten in diesem Zusammenhang mit seinem engern Gebrauch einstimmig, als er durch Gleichheit der Abstammung in beiden Fällen nicht ausreichend definiert werden kann, wiewohl freilich für die Bestimmung jenes engern Gebrauchs der Abstammungsbegriff unentbehrlich bleiben wird. – Worin kann die Verwandtschaft zweier Sprachen, abgesehen von einer historischen, gesucht werden? In der Ähnlichkeit von Dichtungen jedenfalls ebensowenig wie in derjenigen ihrer Worte. Vielmehr beruht alle überhistorische Verwandtschaft der Sprachen darin, daß in ihrer jeder als ganzer jeweils eines, und zwar dasselbe gemeint ist, das dennoch keiner einzelnen von ihnen, sondern nur der Allheit ihrer einander ergänzenden Intentionen erreichbar ist: die reine Sprache. Während nämlich alle einzelnen Elemente, die Wörter, Sätze, Zusammenhänge von fremden Sprachen sich ausschließen, ergänzen diese Sprachen sich in ihren Intentionen selbst. Dieses Gesetz, eines der grundlegenden der Sprachphilosophie, genau zu fassen, ist in der Intention, vom Gemeinten die Art des Meinens zu unterscheiden. In »Brot« und »pain« ist das Gemeinte zwar dasselbe, die Art, es zu meinen, dagegen nicht. In der Art des Meinens nämlich liegt es, daß beide Worte dem

Deutschen und Franzosen je etwas Verschiedenes bedeuten, daß sie für beide nicht vertauschbar sind, ja sich letzten Endes auszuschließen streben; am Gemeinten aber, daß sie, absolut genommen, das Selbe und Identische bedeuten. Während dergestalt die Art des Meinens in diesen beiden Wörtern einander widerstrebt, ergänzt sie sich in den beiden Sprachen, denen sie entstammen. Und zwar ergänzt sich in ihnen die Art des Meinens zum Gemeinten. Bei den einzelnen, den unergänzten Sprachen nämlich ist ihr Gemeintes niemals in relativer Selbständigkeit anzutreffen, wie bei den einzelnen Wörtern oder Sätzen, sondern vielmehr in stetem Wandel begriffen, bis es aus der Harmonie all jener Arten des Meinens als die reine Sprache herauszutreten vermag. So lange bleibt es in den Sprachen verborgen. Wenn aber diese derart bis ans messianische Ende ihrer Geschichte wachsen, so ist es die Übersetzung, welche am ewigen Fortleben der Werke und am unendlichen Aufleben der Sprachen sich entzündet, immer von neuem die Probe auf jenes heilige Wachstum der Sprachen zu machen: wie weit ihr Verborgenes von der Offenbarung entfernt sei, wie gegenwärtig es im Wissen um diese Entfernung werden mag.

Damit ist allerdings zugestanden, daß alle Übersetzung nur eine irgendwie vorläufige Art ist, sich mit der Fremdheit der Sprachen auseinanderzusetzen. Eine andere als zeitliche und vorläufige Lösung dieser Fremdheit, eine augenblickliche und endgültige, bleibt den Menschen versagt oder ist jedenfalls unmittelbar nicht anzustreben. Mittelbar aber ist es das Wachstum der Religionen, welches in den Sprachen den verhüllten Samen einer höheren reift. Übersetzung also, wiewohl sie auf Dauer ihrer Gebilde nicht Anspruch erheben kann und hierin unähnlich der Kunst, verleugnet nicht ihre Richtung auf ein letztes, endgültiges und entscheidendes Stadium aller Sprachfügung. In ihr wächst das Original in einen gleichsam höheren und reineren Luftkreis der Sprache hinauf, in welchem es freilich nicht auf die Dauer zu leben vermag, wie es ihn auch bei weitem nicht in allen Teilen seiner Gestalt erreicht, auf den es aber dennoch in einer wunderbar eindringlichen Weise wenigstens hindeutet als auf den vorbestimmten, versagten Versöhnungs- und Erfüllungsbereich der Sprachen. Den erreicht es nicht mit Stumpf und Stiel, aber in ihm steht dasjenige, was an einer Übersetzung mehr ist als Mitteilung. Genauer läßt sich dieser wesenhafte Kern als dasjenige bestimmen, was an ihr selbst nicht wiederum übersetzbar ist. Mag man nämlich an Mitteilung aus ihr entnehmen, soviel man kann, und dies übersetzen, so bleibt dennoch dasjenige unberührbar zurück, worauf die Arbeit des wahren Übersetzers sich richtete. Es ist nicht übertragbar wie das Dichterwort des Originals, weil das Verhältnis des Gehalts zur Sprache völlig verschieden ist in Original und Übersetzung. Bilden nämlich diese im ersten eine gewisse Einheit wie Frucht und Schale, so umgibt die Sprache der Übersetzung ihren Gehalt wie ein Königsmantel in weiten Falten. Denn sie bedeutet eine höhere Sprache als sie ist und bleibt dadurch ihrem eigenen Gehalt gegenüber unangemessen, gewaltig und fremd. Diese Gebrochenheit verhindert jede Übertragung, wie sie sie zugleich erübrigt. Denn jede Übersetzung eines Werkes aus einem bestimmten Zeitpunkt der Sprachgeschichte repräsentiert hinsichtlich einer bestimmten Seite seines Gehaltes diejenigen in allen übrigen Sprachen. Übersetzung verpflanzt also das Original in einen wenigstens insofern – ironisch – endgültigeren Sprachbereich, als es aus diesem durch keinerlei Übertragung mehr zu versetzen ist, sondern in ihn nur immer von neuem und an andern Teilen erhoben zu werden vermag. Nicht umsonst mag hier das Wort ›ironisch‹ an Gedankengänge der Romantiker erinnern. Diese haben vor andern Einsicht in das Leben der Werke besessen, von welchem die Übersetzung eine höchste Bezeugung ist. Freilich haben sie diese als solche kaum erkannt, vielmehr ihre ganze Aufmerksamkeit der Kritik zugewendet, die ebenfalls ein wenn auch geringeres Moment im Fortleben der Werke darstellt. Doch wenn auch ihre Theorie auf Übersetzung kaum sich richten mochte, so ging doch ihr großes Übersetzungswerk selbst mit einem Gefühl von dem Wesen und der Würde dieser Form zusammen. Dieses Gefühl – darauf deutet alles hin – braucht nicht notwendig im Dichter am stärksten zu sein; ja es hat in ihm als Dichter vielleicht am wenigsten Raum. Nicht einmal die Geschichte legt das konventionelle Vorurteil nahe, demzufolge die bedeutenden Übersetzer Dichter und unbedeutende Dichter geringe Übersetzer wären. Eine Reihe der größeren, wie Luther, Voß, Schlegel, sind als Übersetzer ungleich bedeutender denn als Dichter, andere unter den größten, wie Hölderlin und George, nach dem ganzen Umfang ihres Schaffens unter dem Begriff des Dichters allein nicht zu fassen. Zumal nicht als Übersetzer. Wie nämlich die Übersetzung eine eigene Form ist, so läßt sich auch die Aufgabe des Übersetzers als eine eigene fassen und genau von der des Dichters unterscheiden.

Sie besteht darin, diejenige Intention auf die Sprache, in die übersetzt wird, zu finden, von der aus in ihr das Echo des Originals erweckt wird. Hierin liegt ein vom Dichtwerk durchaus unterscheidender Zug der Übersetzung, weil dessen Intention niemals auf die Sprache als solche, ihre Totalität, geht, sondern allein unmittelbar auf bestimmte sprachliche

Gehaltszusammenhänge. Die Übersetzung aber sieht sich nicht wie die Dichtung gleichsam im innern Bergwald der Sprache selbst, sondern außerhalb desselben, ihm gegenüber, und ohne ihn zu betreten, ruft sie das Original hinein, an demjenigen einzigen Orte hinein, wo jeweils das Echo in der eigenen den Widerhall eines Werkes der fremden Sprache zu geben vermag. Ihre Intention geht nicht allein auf etwas anderes als die der Dichtung, nämlich auf eine Sprache im ganzen von einem einzelnen Kunstwerk in einer fremden aus, sondern sie ist auch selbst eine andere: die des Dichters ist naive, erste, anschauliche, die des Übersetzers abgeleitete, letzte, ideenhafte Intention. Denn das große Motiv einer Integration der vielen Sprachen zur einen wahren erfüllt seine Arbeit. Dies ist aber jene, in welcher zwar die einzelnen Sätze, Dichtungen, Urteile sich nie verständigen – wie sie denn auch auf Übersetzung angewiesen bleiben –, in welcher jedoch die Sprachen selbst miteinander, ergänzt und versöhnt in der Art ihres Meinens, übereinkommen. Wenn anders es aber eine Sprache der Wahrheit gibt, in welcher die letzten Geheimnisse, um die alles Denken sich müht, spannungslos und selbst schweigend aufbewahrt sind, so ist diese Sprache der Wahrheit – die wahre Sprache. Und eben diese, in deren Ahnung und Beschreibung die einzige Vollkommenheit liegt, welche der Philosoph sich erhoffen kann, sie ist intensiv in den Übersetzungen verborgen. Es gibt keine Muse der Philosophie, es gibt auch keine Muse der Übersetzung. Banausisch aber, wie sentimentale Artisten sie wissen wollen, sind sie nicht. Denn es gibt ein philosophisches Ingenium, dessen eigenstes die Sehnsucht nach jener Sprache ist, welche in der Übersetzung sich bekundet. »Les langues imparfaites en cela que plusieurs, manque la suprême: penser étant écrire sans acessoires, ni chuchotement mais tacite encore l'immortelle parole, la diversité, sur terre, des idiomes empêche personne de proférer les mots qui, sinon se trouveraient, par une frappe unique, elle-même matériellement la vérité.« Wenn, was in diesen Worten Mallarmé gedenkt, dem Philosophen streng ermeßbar ist, so steht mit ihren Keimen solcher Sprache die Übersetzung mitten zwischen Dichtung und der Lehre. Ihr Werk steht an Ausprägung diesen nach, doch es prägt sich nicht weniger tief ein in die Geschichte.

Erscheint die Aufgabe des Übersetzers in solchem Licht, so drohen die Wege ihrer Lösung sich um so undurchdringlicher zu verfinstern. Ja, diese Aufgabe: in der Übersetzung den Samen reiner Sprache zur Reife zu bringen, scheint niemals lösbar, in keiner Lösung bestimmbar. Denn wird einer solchen nicht der Boden entzogen, wenn die Wiedergabe des Sinnes aufhört, maßgebend zu sein? Und nichts anderes ist ja – negativ gewendet – die Meinung alles Vorstehenden. Treue und Freiheit – Freiheit der sinngemäßen Wiedergabe und in ihrem Dienst Treue gegen das Wort – sind die althergebrachten Begriffe in jeder Diskussion von Übersetzungen. Einer Theorie, die anderes in der Übersetzung sucht als Sinnwiedergabe, scheinen sie nicht mehr dienen zu können. Zwar sieht ihre herkömmliche Verwendung diese Begriffe stets in einem unauflöslichen Zwiespalt. Denn was kann gerade die Treue für die Wiedergabe des Sinnes eigentlich leisten? Treue in der Übersetzung des einzelnen Wortes kann fast nie den Sinn voll wiedergeben, den es im Original hat. Denn dieser erschöpft sich nach seiner dichterischen Bedeutung fürs Original nicht in dem Gemeinten, sondern gewinnt diese gerade dadurch, wie das Gemeinte an die Art des Meinens in dem bestimmten Worte gebunden ist. Man pflegt dies in der Formel auszudrücken, daß die Worte einen Gefühlston mit sich führen. Gar die Wörtlichkeit hinsichtlich der Syntax wirft jede Sinneswiedergabe vollends über den Haufen und droht geradenwegs ins Unverständliche zu führen. Dem neunzehnten Jahrhundert standen Hölderlins Sophokles-Übersetzungen als monströse Beispiele solcher Wörtlichkeit vor Augen. Wie sehr endlich Treue in der Wiedergabe der Form die des Sinnes erschwert, versteht sich von selbst. Demgemäß ist die Forderung der Wörtlichkeit unableitbar aus dem Interesse der Erhaltung des Sinnes. Dieser dient weit mehr – freilich der Dichtung und Sprache weit weniger – die zuchtlose Freiheit schlechter Übersetzer. Notwendigerweise muß also jene Forderung, deren Recht auf der Hand, deren Grund sehr verborgen liegt, aus triftigeren Zusammenhängen verstanden werden. Wie nämlich Scherben eines Gefäßes, um sich zusammenfügen zu lassen, in den kleinsten Einzelheiten einander zu folgen, doch nicht so zu gleichen haben, so muß, anstatt dem Sinn des Originals sich ähnlich zu machen, die Übersetzung liebend vielmehr und bis ins einzelne hinein dessen Art des Meinens in der eigenen Sprache sich anbilden, um so beide wie Scherben als Bruchstück eines Gefäßes, als Bruchstück einer größeren Sprache erkennbar zu machen. Eben darum muß sie von der Absicht, etwas mitzuteilen, vom Sinn in sehr hohem Maße absehen, und das Original ist ihr in diesem nur insofern wesentlich, als es der Mühe und Ordnung des Mitzuteilenden den Übersetzer und sein Werk schon enthoben hat. Auch im Bereiche der Übersetzung gilt: ἐν ἀρχῇ ἦν ὁ λόγος, im Anfang war das Wort. Dagegen kann, ja muß dem Sinn gegenüber ihre Sprache sich gehen lassen, um nicht dessen intentio als Wiedergabe, sondern als Harmonie, als Ergänzung zur Sprache, in der diese sich mitteilt, ihre eigene

Art der intentio ertönen zu lassen. Es ist daher, vor allem im Zeitalter ihrer Entstehung, das höchste Lob einer Übersetzung nicht, sich wie ein Original ihrer Sprache zu lesen. Vielmehr ist eben das die Bedeutung der Treue, welche durch Wörtlichkeit verbürgt wird, daß die große Sehnsucht nach Sprachergänzung aus dem Werke spreche. Die wahre Übersetzung ist durchscheinend, sie verdeckt nicht das Original, steht ihm nicht im Licht, sondern läßt die reine Sprache, wie verstärkt durch ihr eigenes Medium, nur um so voller aufs Original fallen. Das vermag vor allem Wörtlichkeit in der Übertragung der Syntax, und gerade sie erweist das Wort, nicht den Satz als das Urelement des Übersetzers. Denn der Satz ist die Mauer vor der Sprache des Originals, Wörtlichkeit die Arkade.

Wenn Treue und Freiheit der Übersetzung seit jeher als widerstrebende Tendenzen betrachtet wurden, so scheint auch diese tiefere Deutung der einen beide nicht zu versöhnen, sondern im Gegenteil alles Recht der andern abzusprechen. Denn worauf bezieht Freiheit sich, wenn nicht auf die Wiedergabe des Sinnes, die aufhören soll, gesetzgebend zu heißen? Allein wenn der Sinn eines Sprachgebildes identisch gesetzt werden darf mit dem seiner Mitteilung, so bleibt ihm ganz nah und doch unendlich fern, unter ihm verborgen oder deutlicher, durch ihn gebrochen oder machtvoller über alle Mitteilung hinaus ein Letztes, Entscheidendes. Es bleibt in aller Sprache und ihren Gebilden außer dem Mitteilbaren ein Nicht-Mitteilbares, ein, je nach dem Zusammenhang, in dem es angetroffen wird, Symbolisierendes oder Symbolisiertes. Symbolisierendes nur in den endlichen Gebilden der Sprachen; Symbolisiertes aber im Werden der Sprachen selbst. Und was im Werden der Sprachen sich darzustellen, ja herzustellen sucht, das ist jener Kern der reinen Sprache selbst. Wenn aber dieser, ob verborgen und fragmentarisch, dennoch gegenwärtig im Leben als das Symbolisierte selbst ist, so wohnt er nur symbolisiert in den Gebilden. Ist jene letzte Wesenheit, die da die reine Sprache selbst ist, in den Sprachen nur an Sprachliches und dessen Wandlungen gebunden, so ist sie in den Gebilden behaftet mit dem schweren und fremden Sinn. Von diesem sie zu entbinden, das Symbolisierende zum Symbolisierten selbst zu machen, die reine Sprache gestaltet der Sprachbewegung zurückzugewinnen, ist das gewaltige und einzige Vermögen der Übersetzung. In dieser reinen Sprache, die nichts mehr meint und nichts mehr ausdrückt, sondern als ausdrucksloses und schöpferisches Wort das in allen Sprachen Gemeinte ist, trifft endlich alle Mitteilung, aller Sinn und alle Intention auf eine Schicht, in der sie zu erlöschen bestimmt sind. Und eben aus ihr bestätigt sich die Freiheit der Übersetzung zu einem neuen und höheren Rechte. Nicht aus dem Sinn der Mitteilung, von welchem zu emanzipieren gerade die Aufgabe der Treue ist, hat sie ihren Bestand. Freiheit vielmehr bewährt sich um der reinen Sprache willen an der eigenen. Jene reine Sprache, die in fremde gebannt ist, in der eigenen zu erlösen, die im Werk gefangene in der Umdichtung zu befreien, ist die Aufgabe des Übersetzers. Um ihretwillen bricht er morsche Schranken der eigenen Sprache: Luther, Voß, Hölderlin, George haben die Grenzen des Deutschen erweitert. – Was hiernach für das Verhältnis von Übersetzung und Original an Bedeutung dem Sinn verbleibt, läßt sich in einem Vergleich fassen. Wie die Tangente den Kreis flüchtig und nur in einem Punkte berührt und wie ihr wohl diese Berührung, nicht aber der Punkt, das Gesetz vorschreibt, nach dem sie weiter ins Unendliche ihre gerade Bahn zieht, so berührt die Übersetzung flüchtig und nur in dem unendlich kleinen Punkte des Sinnes das Original, um nach dem Gesetze der Treue in der Freiheit der Sprachbewegung ihre eigenste Bahn zu verfolgen. Die wahre Bedeutung dieser Freiheit hat, ohne sie doch zu nennen noch zu begründen, Rudolf Pannwitz in Ausführungen gekennzeichnet, die sich in der »krisis der europäischen kultur« finden und die neben Goethes Sätzen in den Noten zum »Divan« leicht das Beste sein dürften, was in Deutschland zur Theorie der Übersetzung veröffentlicht wurde. Dort heißt es: »unsere übertragungen, auch die besten, gehn von einem falschen grundsatz aus, sie wollen das indische, griechische, englische verdeutschen, anstatt das deutsche zu verindischen, vergriechischen, verenglischen. sie haben eine viel bedeutendere ehrfurcht vor den eigenen sprachgebräuchen als vor dem geiste des fremden werks... der grundsätzliche irrtum des übertragenden ist, daß er den zufälligen stand der eigenen sprache festhält, anstatt sie durch die fremde gewaltig bewegen zu lassen. er muß, zumal wenn er aus einer sehr fernen sprache überträgt, auf die letzten elemente der sprache selbst, wo wort, bild, ton in eins geht, zurückdringen; er muß seine sprache durch die fremde erweitern und vertiefen, man hat keinen begriff, in welchem maße das möglich ist, bis zu welchem grade jede sprache sich verwandeln kann, sprache von sprache fast nur wie mundart von mundart sich unterscheidet, dieses aber nicht, wenn man sie allzu leicht, sondern gerade wenn man sie schwer genug nimmt.«

Wie weit eine Übersetzung dem Wesen dieser Form zu entsprechen vermag, wird objektiv durch die Übersetzbarkeit des Originals bestimmt. Je weniger Wert und Würde seine Sprache hat, je mehr es Mitteilung ist, desto weniger ist für die Übersetzung dabei zu gewinnen, bis das völlige Übergewicht jenes Sinnes, weit entfernt, der Hebel einer formvollen Übersetzung zu sein, diese vereitelt. Je höher ein Werk geartet ist, desto mehr bleibt es selbst in flüchtigster Berührung seines Sinnes noch übersetzbar. Dies gilt selbstverständlich nur von Originalen. Übersetzungen dagegen erweisen sich unübersetzbar nicht wegen der Schwere, sondern wegen der allzu großen Flüchtigkeit, mit welcher der Sinn an ihnen haftet. Hierfür wie in jeder andern wesentlichen Hinsicht stellen sich Hölderlins Übertragungen, besonders die der beiden Sophokleischen Tragödien, bestätigend dar. In ihnen ist die Harmonie der Sprachen so tief, daß der Sinn nur noch wie eine Äolsharfe vom Winde von der Sprache berührt wird. Hölderlins Übersetzungen sind Urbilder ihrer Form; sie verhalten sich auch zu den vollkommensten Übertragungen ihrer Texte als das Urbild zum Vorbild, wie es der Vergleich der Hölderlinschen und Borchardtschen Übersetzung der dritten pythischen Ode von Pindar zeigt. Eben darum wohnt in ihnen vor andern die ungeheure und ursprüngliche Gefahr aller Übersetzung: daß die Tore einer so erweiterten und durchwalteten Sprache zufallen und den Übersetzer ins Schweigen schließen. Die Sophokles-Übersetzungen waren Hölderlins letztes Werk. In ihnen stürzt der Sinn von Abgrund zu Abgrund, bis er droht, in bodenlosen Sprachtiefen sich zu verlieren. Aber es gibt ein Halten. Es gewährt es jedoch kein Text außer dem heiligen, in dem der Sinn aufgehört hat, die Wasserscheide für die strömende Sprache und die strömende Offenbarung zu sein. Wo der Text unmittelbar, ohne vermittelnden Sinn, in seiner Wörtlichkeit der wahren Sprache, der Wahrheit oder der Lehre angehört, ist er übersetzbar schlechthin. Nicht mehr freilich um seinet-, sondern allein um der Sprachen willen. Ihm gegenüber ist so grenzenloses Vertrauen von der Übersetzung gefordert, daß spannungslos wie in jenem Sprache und Offenbarung so in dieser Wörtlichkeit und Freiheit in Gestalt der Interlinearversion sich vereinigen müssen. Denn in irgendeinem Grade enthalten alle großen Schriften, im höchsten aber die heiligen, zwischen den Zeilen ihre virtuelle Übersetzung. Die Interlinearversion des heiligen Textes ist das Urbild oder Ideal aller Übersetzung.

Charles Baudelaire
Tableaux Parisiens

Paysage

Je veux, pour composer chastement mes églogues,
Coucher auprès du ciel, comme les astrologues,
Et, voisin des clochers, écouter en rêvant
Leurs hymnes solennels emportés par le vent.
Les deux mains au menton, du haut de ma mansarde,
Je verrai l'atelier qui chante et qui bavarde;
Les tuyaux, les clochers, ces mâts de la cité,
Et les grands ciels qui font rêver d'éternité.

Il est doux, à travers les brumes, de voir naître
L'étoil dans l'azur, la lampe à la fenêtre,
Les fleuves de charbon monter au firmament
Et la lune verser son pâle enchantement.
Je verrai les printemps, les étés, les automnes,
Et quand viendra l'hiver aux neiges monotones,
Je fermerai partout portières et volets
Pour bâtir dans la nuit mes féeriques palais.
Alors je rêverai des horizons bleuâtres,
Des jardins, des jets d'eau pleurant dans les albâtres,
Des baisers, des oiseaux chantant soir et matin,
Et tout ce que l'Idylle a de plus enfantin.
L'Emeute, tempêtant vainement à ma vitre,
Ne fera pas lever mon front de mon pupitre;
Car je serai plongé dans cette volupté
D'évoquer le Printemps avec ma volonté,
De tirer un soleil de mon cœur, et de faire
De mes pensers brûlants une tiède atmosphère.

Landschaft

Ich will um meinen Strophenbau zu läutern
Dicht unterm Himmel ruhn gleich Sternedeutern
Daß meine Türme ans verträumte Ohr
Mit dem Winde mir senden den Glockenchor.
Dann werd ich vom Sims meiner luftigen Kammer
Überm Werkvolk wie's schwätzet und singet beim Hammer
Auf Turm und Schlot, die Masten von Paris
Und die Himmel hinaussehn, mein Traumparadies.

Wie schön ist das Erglühn aus Nebelschwaden
Des Sterns im späten Blau, des Lichts in den Fassaden
Der Kohlenströme Flössen übers Firmament
Und wie das Land im Mondlicht fahl entbrennt.
Mir wird der Lenz der Sommer und das Spätjahr hier sich zeigen
Doch vor dem weißen winterlichen Reigen
Zieh ich den Vorhang zu und schließe den Verschlag
Und baue in der Nacht an meinem Feenhag.
Dann werden blaue Horizonte sich erschließen
Und weinend im Boskett Fontänen überfließen
Dann wird in Küssen und im Vogellied
Der Geist der Kindheit sein der durch Idyllen zieht.
Mag gegen's Fensterglas sich ein Orkan verschwenden
Ich werde nicht die Stirn von meinem Pulte wenden;
Denn höchst gebannt in meine Leidenschaft
Ruf ich den Lenz herauf aus eigner Kraft
Und kann mein Herz zu Strahlen werden sehen
Und meines Denkens Glut zu lindem Wehen.

Le soleil

Le long du vieux faubourg, où pendent aux masures
Les persiennes, abri des secrètes luxures,
Quand le soleil cruel frappe à traits redoublés
Sur la ville et les champs, sur les toits et les blés,
Je vais m'exercer seul à ma fantasque escrime,
Flairant dans tous les coins les hasards de la rime,
Trébuchant sur les mots comme sur les pavés,
Heurtant parfois des vers depuis longtemps rêvés.

Ce père nouricier, ennemi des chloroses,
Éveille dans les champs les vers comme les roses;
Il fait s'évaporer les soucis vers le ciel,
Et remplit les cerveaux et les ruches de miel.
C'est lui qui rajeunit les porteurs de béquilles
Et les rend gais et doux comme des jeunes filles,
Et commande aux moissons de croître et de mûrir
Dans le cœur immortel qui toujours veut fleurir!

Quand, ainsi qu'un poëte, il descend dans les villes,
Il ennoblit le sort des choses les plus viles,
Et s'introduit en roi, sans bruit et sans valets,
Dans tous les hôpitaux et dans tous les palais.

Die Sonne

Durch das Faubourg wo an den alternden Gebäuden
Marquisen hängen, Obdach von geheimen Freuden
Wird, wenn die Sonne mit verdoppelter Gewalt
Stadt trifft und Felder, Saaten und Asphalt
Wegab ein seltsames Gefecht mich führen
Reimbeute in den Winkeln aufzuspüren
Am Wort als wär's ein Pflaster aufzuprallen
Und über längst geträumte Zeilen fast zu fallen.

Der Strahl ernährt, die Bleichsucht macht er enden
Verse und Rosen weckt er in Geländen
Den Sorgendunst läßt er zum Himmel fahn
Und häuft in Hirn und Waben Honig an.
An ihm verjüngen sich die Invaliden
Als sei den Alten Mädchenglück beschieden
Im Herzen reift die Frucht auf sein Geheiß
Im ewigen, das sich nur Blüten weiß.

Wendet er sich so wie ein Dichter in die Städte
So adelt er das Los der niedersten Geräte
Lautlos erfüllt, ein König ohne Troß
Er jedes Hospital und jedes Fürstenschloß.

La lune offensée

O Lune qu'adoraient discrètement nos pères,
Du haut des pays bleus où, radieux sérail,
Les astres vont te suivre en pimpant attirail,
Ma vieille Cynthia, lampe de nos repaires,

Vois-tu les amoureux, sur leurs grabats prospères,
De leur bouche en dormant montrer le frais émail?
Le poëte buter du front sur son travail?
Ou sous les gazons secs s'accoupler les vipères?

Sous ton domino jaune, et d'un pied clandestin,
Vas-tu, comme jadis, du soir jusqu'au matin,
Baiser d'Endymion les grâces surannées?

— »Je vois ta mère, enfant de ce siècle appauvri,
Qui vers son miroir penche un lourd amas d'années,
Et plâtre artistement le sein qui t'a nourri!«

Die Kränkung der Luna

O Luna deren Dienst nun Tote wahren
Kannst du von droben wo bei steifen Feiern
Die Sterne mit dir ziehn in Strahlenschleiern
Betagte du mit der wir munter waren

Auf ihrer Streu die Liebenden gewahren
Wenn schlummernd sie den reinen Mund entschleiern
Und wie des Dichters Haupt von Mühen bleiern
Und wie im trocknen Gras sich Vipern paaren?

Bliebst du in deinem gelben Domino
Endymions verbuhlter Anmut froh
Bei der du dich bis in den Tag verpaßt?

– »Jüngst wies als deine Mutter ich bestrahlte
Ihr Spiegel wie sie die bejahrte Last
Des Busens der dich nährte sorgsam malte.«

Le cygne

à Victor Hugo

I

Andromaque, je pense à vous! Ce petit fleuve,
Pauvre et triste miroir où jadis resplendit
L'immense majesté de vos douleurs de veuve,
Ce Simoïs menteur qui par vos pleurs grandit,

A fécondé soudain ma mémoire fertile,
Comme je traversais le nouveau Carrousel.
Le vieux Paris n'est plus (la forme d'une ville
Change plus vite, hélas! que le cœur d'un mortel);

Je ne vois qu'en esprit tout ce camp de baraques,
Ce tas de chapiteaux ébauchés et de fûts,
Les herbes, les gros blocs verdis par l'eau des flaques,
Et, brillant aux carreaux, le bric-à-brac confus.

Là s'étalait jadis une ménagerie;
Là je vis, un matin, à l'heure où sous les cieux
Clairs et froids le Travail s'éveille, où la voirie
Pousse un sombre ouragan dans l'air silencieux,

Un cygne qui s'était évadé de sa cage,
Et de ses pieds palmés frottant le pavé sec,

Der Schwan

Victor Hugo gewidmet

I

Ich denke dein, Andromache! Der Bach
Der trübe seichte Spiegel welcher einst
Dich aufnahm und dein hohes Ungemach
Simois, der nur strömte wenn du weinst

Ist plötzlich in mein Sinnen eingedrungen
Beim Gange übers Neue Caroussel.
Die Altstadt ist dahin – wenn Neuerungen
Uns wandeln sinken Städte doppelt schnell.

Ich sehe jenen Platz mit den Baracken
Den Torsi und Pilastern noch im Geist
Wo zwischen Blöcken und bemoosten Schlacken
Ein feiler Trödel in den Fenstern gleißt.

Dort war ein Tierpark aufgebaut gewesen
Wo einst im frühen Froste wenn im Freien
Die Tagfron aufsteht und ein Heer von Besen
Die Schwärze des Orkans der Luft verleihen

Vor seinem Käfig einen Schwan ich fand
Der seinen Schwimmfuß übers Pflaster zog

Sur le sol raboteux traînait son blanc plumage.
Près d'un ruisseau sans eau la bête ouvrant le bec

Baignait nerveusement ses ailes dans la poudre,
Et disait, le cœur plein de son beau lac natal:
»Eau, quand donc pleuvras-tu? quand tonneras-tu, foudre?«
Je vois ce malheureux, mythe étrange et fatal,

Vers le ciel quelquefois, comme l'homme d'Ovide,
Vers le ciel ironique et cruellement bleu,
Sur son cou convulsif tendant sa tête avide,
Comme s'il adressait des reproches à Dieu!

Und seinen weißen Fittich durch den Sand;
Als dann der trockne Bach den Durstigen trog

Wälzt er im Staub sein zuckendes Gefieder
Und sprach erfüllt vom Bild der Heimatseen:
»Wann wirst du fallen, Naß? Wann, Blitz, fährst du hernieder?«
Ich sah den Armen – mythisches Geschehn –

Gen Himmel oft wie bei Ovidius der Verbannte
Gen Himmel dessen Bläue grausam loht
Den Kopf so recken daß sein Hals sich spannte
Als sende seinen Vorwurf er zu Gott.

2

Paris change! mais rien dans ma mélancolie
N'a bougé! palais neufs, échafaudages, blocs,
Vieux faubourgs, tout pour moi devient allégorie,
Et mes chers souvenirs sont plus lourds que des rocs.

Aussi devant ce Louvre une image m'opprime:
Je pense à mon grand cygne, avec ses gestes fous,
Comme les exilés, ridicule et sublime,
Et rongé d'un désir sans trêve! et puis à vous,

Andromaque, des bras d'un grand époux tombée,
Vil bétail, sous la main du superbe Pyrrhus,
Auprès d'un tombeau vide en extase courbée;
Veuve d'Hector, hélas! et femme d'Hélénus!

Je pense à la négresse, amaigrie et phtisique,
Piétinant dans la boue, et cherchant, l'œil hagard,
Les cocotiers absents de la superbe Afrique
Derrière la muraille immense du brouillard;

A quiconque a perdu ce qui ne se retrouve
Jamais, jamais! à ceux qui s'abreuvent de pleurs
Et tettent la Douleur comme une bonne louve!
Aux maigres orphelins séchant comme des fleurs!

Ainsi dans la forêt où mon esprit s'exile
Un vieux Souvenir sonne à plein souffle du cor!
Je pense aux matelots oubliés dans une île,
Aux captifs, aux vaincus! ... à bien d'autres encor!

2

Paris wird anders, aber die bleibt gleich
Melancholie. Die neue Stadt die alte
Mir wirds ein allegorischer Bereich
Und mein Erinnern wuchtet wie Basalte.

Selbst hier vorm Louvre liegt es schwer auf mir
Ich denk an meinen Schwan, wie er entwich
So lächerlich so groß wie dieses Tier
Verzehren sich Verbannte – und an dich

Andromache die dem Gemahl entglitten
Die unter Pyrrhus feil ward zum Genuß
Die überm leeren Sarkophag gelitten
Und Hektors war und ward des Helenus.

Ich denk der Schwarzen die von Sucht verzehrt
Im Schlamm sich quält und mit verstörten Blicken
Die Zauberpalmen Afrikas entbehrt
Vor denen zähe Nebel sich verdicken;

Und aller derer welche ein Verlust
Unheilbar kränkte, all der Tränenreichen
(Die Wölfin ›Jammer‹ nahm sie an die Brust)
Der Waisen deren Blumenhäupter bleichen.

Durch meinen Wald die Ruh des Ruhelosen
Hör ich wie Hornruf ein Erinnern wandern
Ich denk im Riff vergessener Matrosen
Gefangener Besiegter ... vieler andern.

Les sept vieillards

à Victor Hugo

Fourmillante cité, cité pleine de rêves
Où le spectre en plein jour raccroche le passant!
Les mystères partout coulent comme des sèves
Dans les canaux étroits du colosse puissant.

Un matin, cependant que dans la triste rue
Les maisons, dont la brume allongeait la hauteur,
Simulaient les deux quais d'une rivière accrue,
Et que, décor semblable à l'âme de l'acteur,

Un brouillard sale et jaune inondait tout l'espace,
Je suivais, roidissant mes nerfs comme un héros
Et discutant avec mon âme déjà lasse,
Le faubourg secoué par les lourds tombereaux.

Tout à coup, un vieillard dont les guenilles jaunes
Imitaient la couleur de ce ciel pluvieux,
Et dont l'aspect aurait fait pleuvoir les aumônes,
Sans la méchanceté qui luisait dans ses yeux,

M'apparut. On eût dit sa prunelle trempée
Dans le fiel; son regard aiguisait les frimas,
Et sa barbe à longs poils, roide comme une épée,
Se projetait, pareille à celle de Judas.

Die sieben Greise

Victor Hugo gewidmet

Wimmelnde Stadt, Stadt die erfüllt von Träumen
Wo das Gespenst bei Tag antritt den Mann!
Geheimes schwillt gleich Säften wenn sie schäumen
In engen Gossen des Kolosses an.

An einem Morgen als in tristen Straßen
Die Häuser die im Nebel aufgereckt
Zu Dämmen wurden die ein Strombett fassen
Und, dieses Mimen würdiger Prospekt

Ein gelber Dunstkreis alles überschwemmte
Schritt ich vertieft – heroisch auszuharren
Mein Herz beredend das Ermüdung lähmte –
Die Vorstadt hin die dröhnte von den Karren.

Da stieg ein Greis in Lumpen die verblassen
Vom Ton der Wolken dieser gelben feuchten
Des Antlitz Gaben hätte regnen lassen
Ohn seiner Blicke höchst gemeines Leuchten

Vor mir empor. Sein Auge blickte schwer
Wie voller Galle; Frost fiel ihm vom Lid
Sein Bartwuchs welcher hart war wie ein Speer
Glich dem des Jüngers der den Christ verriet.

Il n'était pas voûté, mais cassé, son échine
Faisant avec sa jambe un parfait angle droit,
Si bien que son bâton, parachevant sa mine,
Lui donnait la tournure et le pas maladroit

D'un quadrupède infirme ou d'un juif à trois pattes.
Dans la neige et la boue il allait s'empêtrant,
Comme s'il écrasait des morts sous ses savates,
Hostile à l'univers plutôt qu'indifférent.

Son pareil le suivait: barbe, œil, dos, bâton, loques,
Nul trait ne distinguait, du même enfer venu,
Ce jumeau centenaire, et ces spectres baroques
Marchaient du même pas vers un but inconnu.

A quel complot infâme étais-je donc en butte,
Ou quel méchant hasard ainsi m'humiliait?
Car je comptai sept fois, de minute en minute,
Ce sinistre vieillard qui se multipliait!

Que celui-là qui rit de mon inquiétude,
Et qui n'est pas saisi d'un frisson fraternel,
Songe bien que malgré tant de décrépitude
Ces sept monstres hideux avaient l'air éternel!

Aurais-je, sans mourir, contemplé le huitième,
Sosie inexorable, ironique et fatal,
Dégoûtant Phénix, fils et père de lui-même?
– Mais je tournai le dos au cortège infernal.

Er, nicht gekrümmt, zerbrochen, und sein Rücken
Lief gen den Schenkel im genauen Lot
So daß sein Stab der dies Bild sonder Lücken
Vollendete ihm Aussehn lieh und Trott

Des lahmen Tiers, des Juden auf drei Pfoten
Durch Schnee und Pfützen ging es unablässig
Als wate er mit seinem Schuh in Toten
Mir schien er nicht so fremde denn gehässig.

Ein gleicher folgte ihm: Bart Stock und Haar
Nichts unterschied den Sohn der gleichen Hölle
Und dies barocke greise Zwillingspaar
Schritt wie im Takt — wer weiß nach welcher Stelle?

Welch Anschlag war das der zum Ziel mich wählte
War's hämischer Zufall der mich so verlachte
Daß siebenmal minutenweis ich zählte
Den grausen Alten der sich vielfach machte!

Mag wer da lächelt meiner bangen Qual
Wen brüderliche Schauder nicht befahren
Bedenken daß trotz völligem Verfall
Die sieben Ausgeburten ewig waren!

Konnt ohne Todesnot ich noch den achten
Den scheelen Sosias der sich drohend trug
Den eklen Phönix der sein eigner Sohn betrachten?
Doch ich entkehrte mich dem Höllenzug.

Exaspéré comme un ivrogne qui voit double,
Je rentrai, je fermai ma porte, épouvanté,
Malade et morfondu, l'esprit fiévreux et trouble,
Blessé par le mystère et par l'absurdité!

Vainement ma raison voulait prendre la barre;
La tempête en jouant déroutait ses efforts,
Et mon âme dansait, dansait, vieille gabarre
Sans mâts, sur une mer monstrueuse et sans bords!

Rasend gleich Trunknen wenn sie doppelt schauen
Mein Haus gewann ich und verschloß mich drin
Krank und durchfroren, wirr vom Fieberbrauen
Wund vom Geheimnis und vom Widersinn!

Umsonst Vernunft zur Heimfahrt Segel pflanzte –
Sturm brach ihr Trachten mit gewaltger Hand
Und meiner Seele Kutter tanzte, tanzte
Mastlos auf wüsten Wogen ohne Land.

Les petites vieilles

à Victor Hugo

I

Dans les plis sinueux des vieilles capitales,
Où tout, même l'horreur, tourne aux enchantements,
Je guette, obéissant à mes humeurs fatales,
Des êtres singuliers, décrépits et charmants.

Ces monstres disloqués furent jadis des femmes,
Éponine ou Laïs! Monstres brisés, bossus
Ou tordus, aimons-les! ce sont encor des âmes.
Sous des jupons troués et sous de froids tissus

Ils rampent, flagellés par les bises iniques,
Frémissant au fracas roulant des omnibus,
Et serrant sur leur flanc, ainsi que des reliques,
Un petit sac brodé de fleurs ou de rébus;

Ils trottent, tout pareils à des marionnettes;
Se traînent, comme font les animaux blessés,
Ou dansent, sans vouloir danser, pauvres sonnettes
Où se pend un Démon sans pitié! Tout cassés

Qu'ils sont, ils ont des yeux perçants comme une vrille,
Luisants comme ces trous où l'eau dort dans la nuit;

Alte Frauen

Viktor Hugo gewidmet

I

Im Faltenschoß der alten Metropolen
Wo Feen im Entsetzen selber walten
Folgt meine trübe Leidenschaft verstohlen
Verfallnen doch vollendeten Gestalten.

Die Unform die da abstößt war ein Weib
War Epona! War Lais! Ehrt ihr Leben
Das seelenhafte noch im morschen Leib.
Im dünnen Rock in löchrigen Geweben

Herzloser Winde Geißelhieb im Rücken
Ziehn sie verstört vom Wagenlärm vorbei.
Was für Reliquien sie an sich drücken!
Ihr Beutelchen mit Blumenstickerei;

Sie gehn wie Püppchen ihre Füße stellen
Sie kommen wie ein wundes Tier gekrochen
Tanzen und wollen doch nicht tanzen – arme Schellen
An die ein Troll sich anhängt! So zerbrochen

Sie sind, ihr Aug' dringt bohrend in die deinen
Blank wie ein schlafend Regenloch bei Nacht;

Ils ont les yeux divins de la petite fille
Qui s'étonne et qui rit à tout ce qui reluit.

— Avez-vous observé que maints cercueils de vieilles
Sont presque aussi petits que celui d'un enfant?
La Mort savante met dans ces bières pareilles
Un symbole d'un goût bizarre et captivant,

Et, lorsque j'entrevois un fantôme débile
Traversant de Paris le fourmillant tableau,
Il me semble toujours que cet être fragile
S'en va tout doucement vers un nouveau berceau;

A moins que, méditant sur la géométrie,
Je ne cherche, à l'aspect de ces membres discords,
Combien de fois il faut que l'ouvrier varie
La forme de la boîte où l'on met tous ces corps.

— Ces yeux sont des puits faits d'un million de larmes,
Des creusets qu'un métal refroidi pailleta ...
Ces yeux mystérieux ont d'invincibles charmes
Pour celui que l'austère Infortune allaita!

Es ist das göttlich blickende der Kleinen
Die über Glänzendes erstaunt und lacht.

Habt ihr bemerkt wie sie in Särgen ruhen
Die oft kaum größer sind als für ein Kind?
Der weise Tod bewährt in solchen Truhen
Wie ernst die Spiele seiner Laune sind.

Und seh ich ihrer eine schattenhaft
Sich im Pariser Schwarm vorüberheben
Stets scheint mir ihre stille Wanderschaft
Zu einer andern Wiege hin das Streben.

Dann sinne ich, ein neuer Geometer
Vergrübelt in der Glieder Mißverhältnis
Darüber nach wie oft der Schreiner später
Abwandeln wird ihr hölzernes Behältnis.

Augen, aus tausend Tränen ihr Zisternen
Ihr Tiegel wo Metall im Guß gerann
Der widersteht nicht so gewalt'gen Sternen
Den die Verfemung groß gesäugt – der Mann.

De Frascati défunt, Vestale enamourée;
Prêtresse de Thalie, hélas! dont le souffleur
Enterré sait le nom; célèbre évaporée
Que Tivoli jadis ombragea dans sa fleur,

Toutes m'enivrent! mais parmi ces êtres frêles
Il en est qui, faisant de la douleur un miel,
Ont dit au Dévouement qui leur prêtait ses ailes:
Hippogriffe puissant, mène-moi jusqu'au ciel!

L'une, par sa patrie au malheur exercée,
L'autre, que son époux surchargea de douleurs,
L'autre, par son enfant Madone transpercée,
Toutes auraient pu faire un fleuve avec leurs pleurs!

2

Der Vesta Magd die zu Frascati glühte;
Thaliens Priesterin – ach wie sie hieß
Weiß nur ihr toter Partner – die einst blühte
Im Schatten Tivolis eh' sie es ließ

Von allen bin ich voll! doch von den Alten
Rief manche für die Gram wie Honig floß
Der Inbrunst zu die ihr zum Dienst verhalten:
Heb mich empor, gewalt'ges Flügelroß!

Sie die ihr Vaterland mit Not geschändet
Sie die ihr Mann mit Kränkung überlud
Die Schmerzensmutter die im Sohn verendet
Von ihrer aller Tränen welche Flut!

3

Ah! que j'en ai suivi de ces petites vieilles!
Une, entre autres, à l'heure où le soleil tombant
Ensanglante le ciel de blessures vermeilles,
Pensive, s'asseyait à l'écart sur un banc,

Pour entendre un de ces concerts, riches de cuivre,
Dont les soldats parfois inondent nos jardins,
Et qui, dans ces soirs d'or où l'on se sent revivre,
Versent quelque héroïsme au cœur des citadins.

Celle-là, droite encor, fière et sentant la règle,
Humait avidement ce chant vif et guerrier;
Son œil parfois s'ouvrait comme l'œil d'un vieil aigle;
Son front de marbre avait l'air fait pour le laurier!

3

Nie ward ich müde, ihnen nachzugehen!
Einst traf ich eine, als die Sonne sank
Wie Blut aus goldnen Wunden anzusehen
Fand sie sich sinnend abseits eine Bank

Zu lauschen jenen großen Blechkapellen
Der Garden welche im betäubten Park
Zu diesen Stunden unsern Lebensquellen
Ein Schauern senken in der Bürger Mark.

Sie saß gereckt den strengen Takt zu saugen
Zum durst'gen Ohr ließ sie den Kriegsmarsch ein
Und wie ein alter Aar hob sie die Augen;
Ihr Haupt schien für den Lorbeer da zu sein!

4

Telles vous cheminez, stoïques et sans plaintes,
A travers le chaos des vivantes cités,
Mères au cœur saignant, courtisanes ou saintes,
Dont autrefois les noms par tous étaient cités.

Vous qui fûtes la grâce ou qui fûtes la gloire,
Nul ne vous reconnaît! un ivrogne incivil
Vous insulte en passant d'un amour dérisoire;
Sur vos talons gambade un enfant lâche et vil.

Honteuses d'exister, ombres ratatinées,
Peureuses, le dos bas, vous côtoyez les murs;
Et nul ne vous salue, étranges destinées!
Débris d'humanité pour l'éternité mûrs!

Mais moi, moi qui de loin tendrement vous surveille,
L'œil inquiet, fixé sur vos pas incertains,
Tout comme si j'étais votre père, ô merveille!
Je goûte à votre insu des plaisirs clandestins:

Je vois s'épanouir vos passions novices;
Sombres ou lumineux, je vis vos jours perdus;
Mon cœur multiplié jouit de tous vos vices!
Mon âme resplendit de toutes vos vertus!

Ruines! ma famille! ô cerveaux congénères!
Je vous fais chaque soir un solennel adieu!
Où serez-vous demain, Èves octogénaires,
Sur qui pèse la griffe effroyable de Dieu?

4

Dies seid ihr, euer klageloses Kommen
Durch meiner Stadt lebendiges Gedränge
Herzblut der Mütter, Dirnen wie Madonnen
Einst Namen in dem Munde dieser Menge.

Die ihr die Gnade wart und wart der Ruhm
Keiner erkennt euch! nur ein Trunkenbold
Streift euch mit seiner Liebe Narrentum;
Ein feiges Kindchen kommt euch nachgetrollt.

Scham dazusein, ihr eingeschrumpften Schemen
Macht, daß ihr krumm und scheu die Mauern streift;
Man grüßt euch nicht, Erloste großer Femen
O Menschenschutt zur Ewigkeit gereift!

Doch ich der ich von ferne euch behüte
Der zag und zärtlich euren Gang ermißt
Nun ganz euch Vater aus beglückter Güte!
Ich schlürfe Süßen welche ihr nicht wißt:

Das frühste Keimen spür ich in euch allen
Die längst verlebte, eure Zeit ward mein
Mein Herz ist tausendfach in euch der Brunst verfallen
Und meine Seele ist aus eurer Tugend rein!

Verfallene! an Blut und Wissen meinesgleichen
Euch gilt zur Nacht mein scheidender Gedanke;
Wo wird der nächste Morgen euch erreichen
Uralte Even unter Gottes Pranke?

Les aveugles

Contemple-les, mon âme; ils sont vraiment affreux!
Pareils aux mannequins; vaguement ridicules;
Terribles, singuliers comme les somnambules:
Dardant on ne sait où leurs globes ténébreux.

Leurs yeux, d'où la divine étincelle est partie,
Comme s'ils regardaient au loin, restent levés
Au ciel; on ne les voit jamais vers les pavés
Pencher rêveusement leur tête appesantie.

Ils traversent ainsi le noir illimité,
Ce frère du silence éternel. O cité!
Pendant qu'autour de nous tu chantes, ris et beugles,

Éprise du plaisir jusqu'à l'atrocité,
Vois! je me traîne aussi! mais, plus qu'eux hébété,
Je dis: Que cherchent-ils au Ciel, tous ces aveugles?

Die Blinden

Betrachte sie, mein Herz; sie sind ein Grauen!
Den Gliederpuppen ähnlich; grundlos komisch;
Wie Somnambulen sind sie physiognomisch:
Wohin ergeht nur ihr umwölktes Schauen?

Ihr Augenpaar aus dem der Funke wich
Blieb mit fernspähender Geberde
Geöffnet stehn; nie sieht man sie zur Erde
Das Haupt gewendet und versenkt in sich.

Sie gehn durchs grenzenloseste Verlies
Den Bruder ewgen Schweigens. O Paris
Wo wir uns vom Gejohl begraben finden

Du welches Brunst zur Bestie werden ließ
Sieh her! so schleich auch ich! doch nahm mich dies
Oft Wunder: Was verrät sich Dort den Blinden?

A une passante

La rue assourdissante autour de moi hurlait.
Longue, mince, en grand deuil, douleur majestueuse,
Une femme passa, d'une main fastueuse
Soulevant, balançant le feston et l'ourlet;

Agile et noble, avec sa jambe de statue.
Moi, je buvais, crispé comme un extravagant,
Dans son œil, ciel livide où germe l'ouragan,
La douceur qui fascine et le plaisir qui tue.

Un éclair... puis la nuit ! – Fugitive beauté
Dont le regard m'a fait soudainement renaître,
Ne te verrai-je plus que dans l'éternité?

Ailleurs, bien loin d'ici! trop tard! *jamais* peut-être!
Car j'ignore où tu fuis, tu ne sais où je vais,
O toi que j'eusse aimée, ô toi qui le savais!

Einer Dame

Geheul der Straße dröhnte rings im Raum.
Hoch schlank tiefschwarz, in ungemeinem Leide
Schritt eine Frau vorbei, die Hand am Kleide
Hob majestätisch den gerafften Saum;

Gemessen und belebt, ihr Knie gegossen.
Und ich verfiel in Krampf und Siechtum an
Dies Aug' den fahlen Himmel vorm Orkan
Und habe Lust zum Tode dran genossen.

Ein Blitz, dann Nacht! Die Flüchtige, nicht leiht
Sie sich dem Werdenden an ihrem Schimmer.
Seh ich dich nur noch in der Ewigkeit?

Weit fort von hier! zu spät! vielleicht auch nimmer?
Verborgen dir mein Weg und mir wohin du mußt
O du die mir bestimmt, o du die es gewußt!

Le squelette laboureur

I

Dans les planches d'anatomie
Qui traînent sur ces quais poudreux
Où maint livre cadavéreux
Dort comme une antique momie,

Dessins auxquels la gravité
Et le savoir d'un vieil artiste,
Bien que le sujet en soit triste,
Ont communiqué la Beauté,

On voit, ce qui rend plus complètes
Ces mystérieuses horreurs,
Bêchant comme des laboureurs,
Des Écorchés et des Squelettes.

Das Skelett bei der Arbeit

I

Atlanten der Anatomie
Die sacht auf diesen Quais verstauben
Wo Bücher modern daß wir glauben
Wie alte Mumien schlummern sie

Voll Tafeln die das treue Sinnen
Des alten Zeichners und sein Wert
Wiewohl ihr Urbild trauern lehrt
Wahrhafte Schönheit ließ gewinnen

Sie weisen daß uns tiefer bette
Dies unergründlich rege Schauern
Den Boden schaufelnd gleich den Bauern
Enthäutete und auch Skelette.

2

De ce terrain que vous fouillez,
Manants résignés et funèbres,
De tout l'effort de vos vertèbres,
Ou de vos muscles dépouillés,

Dites, quelle moisson étrange,
Forçats arrachés au charnier,
Tirez-vous, et de quel fermier
Avez-vous à remplir la grange?

Voulez-vous (d'un destin trop dur
Épouvantable et clair emblème!)
Montrer que dans la fosse même
Le sommeil promis n'est pas sûr;

Qu'envers nous le Néant est traître;
Que tout, même la Mort, nous ment,
Et que sempiternellement,
Hélas! il nous faudra peut-être

Dans quelque pays inconnu
Écorcher la terre revêche
Et pousser une lourde bêche
Sous notre pied sanglant et nu?

2

Die ihr durchstöbert, dieser Hänge
Verdrossene und trübe Sassen
Nach Kräften eurer Wirbelmaßen
Und bloßgelegten Muskelstränge

Sprecht: welche Ernte sondrer Art
Volk das dem Beinhaus man entlockte
Ist's die ihr bergt? und welchem Vogte
Dem ihr im Schober sie bewahrt?

Wollt ihr (der künft'gen Kümmernis
Ein Sinnbild fürchterlich und klar)
Erweisen daß im Grab sogar
Verheißner Schlummer ungewiß;

Daß wider uns das Nichts Verräter;
Das alles selbst der Tod uns lügt
Und daß es leider so gefügt
Daß man für ew'ge Zeiten später

In einer fremden Gegend muß
Durchwühlen spröde Ackerflächen
Und einen schweren Spaten stechen
Unter dem blutend nackten Fuß?

Le crépuscule du soir

Voici le soir charmant, ami du criminel;
Il vient comme un complice, à pas de loup; le ciel
Se ferme lentement comme une grande alcôve,
Et l'homme impatient se change en bête fauve.

O soir, aimable soir, désiré par celui
Dont les bras, sans mentir, peuvent dire: Aujourd'hui
Nous avons travaillé! – C'est le soir qui soulage
Les esprits que dévore une douleur sauvage,
Le savant obstiné dont le front s'alourdit,
Et l'ouvrier courbé qui regagne son lit.

Cependant des démons malsains dans l'atmosphère
S'éveillent lourdement, comme des gens d'affaire,
Et cognent en volant les volets et l'auvent.
A travers les lueurs que tourmente le vent
La Prostitution s'allume dans les rues;
Comme une fourmilière elle ouvre ses issues.

Partout elle se fraye un occulte chemin,
Ainsi que l'ennemi qui tente un coup de main;
Elle remue au sein de la cité de fange
Comme un ver qui dérobe à l'Homme ce qu'il mange.
On entend çà et là les cuisines siffler,
Les théâtres glapir, les orchestres ronfler;
Les tables d'hôte, dont le jeu fait les délices,
S'emplissent de catins et d'escrocs, leurs complices,

Die Abenddämmerung

Der süße Abend kommt der's mit den Schächern hält;
Er schleicht sich wie ihr Helfershelfer sacht heran; nun fällt
Des Himmels riesige Portiere langsam vor
Und Raubwild will in uns den Irrenden empor.

O Abend lieber Abend welcher den erfreut
Des Arme sonder Lüge sagen können: heut
Sind fleißig wir gewesen! – Linderung beschert
Der Abend Geistern die ein wilder Schmerz verheert
Den zähen Forscher dessen Stirn sich senkt befreit er
Und nieder legt sich der gebeugte Lohnarbeiter.

Indes erwachen rings in Lüften wo sie wohnen
Träg wie ein Kaufmannspack die schädlichen Dämonen
Und stoßen sich im Flug an Firsten und an Fenstern.
Bei Lichtern die im Luftzug hin und her gespenstern
Entzündet sich die Unzucht in den Gassen;
Ameisen die den Bau aus jedem Loch verlassen.

Wie sie sich überall verborgen Wege bahnt
Ist sie dem Feinde gleich der einen Handstreich plant;
Sie lebt am Busen ihrer Stadt von Kot
Und stiehlt gleich einem Wurm des Menschen täglich Brot.
Ein Zischen hört man hie und da aus Küchenessen
Gekreisch von Bühnen und Orchesterton von Bässen;
Nun sammeln im Lokal wo sie zum Spiel verleiten
Dirnen und Gauner sich als seine Eingeweihten

Et les voleurs, qui n'ont ni trêve ni merci,
Vont bientôt commencer leur travail, eux aussi,
Et forcer doucement les portes et les caisses
Pour vivre quelques jours et vêtir leurs maîtresses.

Recueille-toi, mon âme, en ce grave moment,
Et ferme ton oreille à ce rugissement.
C'est l'heure où les douleurs des malades s'aigrissent!
La sombre Nuit les prend à la gorge; ils finissent
Leur destinée et vont vers le gouffre commun;
L'hôpital se remplit de leurs soupirs. – Plus d'un
Ne viendra plus chercher la soupe parfumée,
Au coin du feu, le soir, auprès d'une âme aimée.

Encore la plupart n'ont-ils jamais connu
La douceur du foyer et n'ont jamais vécu!

Und unversehens sind, geächtet und betrogen
Diebsbanden auf die Arbeit ausgezogen
Die lautlos Türen und Tresors bezwingen
Um Unterhalt, und um den Weibern Putz zu bringen.

Du sammle dich mein Herz in dieser ernsten Stunde
Und schließe du dein Ohr dem lauten Höllenmunde.
Die Stund ist's da der Kranken Schmerzen überschießen!
Nach ihrer Gurgel greift die düstere Nacht; sie schließen
Ihr Schicksal ab und gehn zum allgemeinen Grund;
Es füllt das Spittel sich mit ihren Seufzern. Und
Manch einer ist der nie mehr bei dem Nachtmahl weilt
Am Herde wo er's mit der Freundin sonst geteilt.

Auch hat die meisten nie ein süßer Schein umschwebt
Von eignem Feuer und sie haben nie gelebt.

Le jeu

Dans des fauteuils fanés des courtisanes vieilles,
Pâles, le sourcil peint, l'œil câlin et fatal,
Minaudant, et faisant de leurs maigres oreilles
Tomber un cliquetis de pierre et de métal;

Autour des verts tapis des visages sans lèvre,
Des lèvres sans couleur, des mâchoires sans dent,
Et des doigts convulsés d'une infernale fièvre,
Fouillant la poche vide ou le sein palpitant;

Sous de sales plafonds un rang de pâles lustres
Et d'énormes quinquets projetant leurs lueurs
Sur des fronts ténébreux de poëtes illustres
Qui viennent gaspiller leurs sanglantes sueurs;

Voilà le noir tableau qu'en un rêve nocturne
Je vis se dérouler sous mon œil clairvoyant.
Moi-même, dans un coin de l'antre taciturne,
Je me vis accoudé, froid, muet, enviant,

Enviant de ces gens la passion tenace,
De ces vieilles putains la funèbre gaité,
Et tous gaillardement trafiquant à ma face,
L'un de son vieil honneur, l'autre de sa beauté!

Das Spiel

Verschossene Polster worin Vetteln tuscheln
Die aus bemalten Augen böse locken
Und deren Ohrschmuck aus verdorrten Muscheln
Ein Klirren fallen läßt wie leise Glocken;

Und überm grünen Tuch entfleischte Fratzen
Entfärbte Lippen und entzahnte Kiefer
Umsonst durchforschen fieberheiße Tatzen
Das Mieder und die Taschen immer tiefer;

Bei fahlen Lüstern die zur Decke schwelen
Und riesenhaften Lampen einen Kreis
Erlauchtester Poeten deren Seelen
Die Frone suchen und den blutigen Schweiß;

Dies dunkle Bild in mitternächtger Luft
Als Traumgesicht vor meinem Blick erleidend
Fand ich verloren in der stillen Gruft
Mich selber lehnen, kalt verstummt und neidend

Ja neidend ihre Laster jenen Dieben
Die unheilvolle Lust den geilen Damen
Wie sie getrost und offen Handel trieben
Mit Schönheit die und der mit seinem Namen.

Et mon cœur s'effraya d'envier maint pauvre homme
Courant avec ferveur à l'abîme béant,
Et qui, soûl de son sang, préférerait en somme
La douleur à la mort et l'enfer au néant!

Mich aber ließ mein Neid auf den erbeben
Den seine Jagd zum Abgrund so entflammt
Daß ihm sein Blut die Losung eingegeben:
Dem Nichtsein zu entgehn und seis verdammt!

Danse macabre

à Ernest Christophe

Fière, autant qu'un vivant, de sa noble stature,
Avec son gros bouquet, son mouchoir et ses gants,
Elle a la nonchalance et la désinvolture
D'une coquette maigre aux airs extravagants.

Vit-on jamais au bal une taille plus mince?
Sa robe exagérée, en sa royale ampleur,
S'écroule abondamment sur un pied sec, que pince
Un soulier pomponné, joli comme une fleur.

La ruche qui se joue au bord des clavicules,
Comme un ruisseau lascif qui se frotte au rocher,
Défend pudiquement des lazzi ridicules
Les funèbres appas qu'elle tient à cacher.

Ses yeux profonds sont faits de vide et de ténèbres,
Et son crâne, de fleurs artistement coiffé,
Oscille mollement sur ses frêles vertèbres.
O charme d'un néant follement attifé!

Aucuns t'appelleront une caricature,
Qui ne comprennent pas, amants ivres de chair,
L'élégance sans nom de l'humaine armature.
Tu réponds, grand squelette, à mon goût le plus cher!

Totentanz

Ernest Christophe gewidmet

Kein Lebender pocht mehr auf seine Größe
Als sie die Strauß und Handschuh an sich preßt
Und in der Haltung die verwegne Blöße
Der hagern Kurtisane sehen läßt.

Wer fand beim Ball ein Mieder so verengt?
Die Robe stürzt in königlicher Fülle
Auf einen ausgezehrten Fuß – den zwängt
Der seidne Schuh wie eine Blumentülle.

Die Rüschen die am Schlüsselbein sich spreiten
(So leckt am Fels ein Bächlein lockrer Art)
Behüten spröd vor faden Lustigkeiten
Die düstern Reize die sie wohl verwahrt.

Die tiefen Augen sind aus Nichts und Nacht
Ihr Schädel den ein Bau von Blumen schmückt
Wiegt auf dem brüchigen Genick sich sacht.
Wie bist du, taubes Meisterstück, geglückt!

Ein Zerrbild magst du heißen vor dem Tadel
Der fleischlichen Galane die nicht schätzen
Des sterblichen Gerüsts erlesnen Adel.
Großes Skelett! Du stimmst zu meinen liebsten Sätzen!

Viens-tu troubler, avec ta puissante grimace,
La fête de la Vie? ou quelque vieux désir,
Éperonnant encor ta vivante carcasse,
Te pousse-t-il, crédule, au sabbat du Plaisir?

Au chant des violons, aux flammes des bougies,
Espères-tu chasser ton cauchemar moqueur,
Et viens-tu demander au torrent des orgies
De rafraîchir l'enfer allumé dans ton cœur?

Inépuisable puits de sottise et de fautes!
De l'antique douleur éternel alambic!
A travers le treillis recourbé de tes côtes
Je vois, errant encor, l'insatiable aspic.

Pour dire vrai, je crains que ta coquetterie
Ne trouve pas un prix digne de ses efforts;
Qui, de ces cœurs mortels, entend la raillerie?
Les charmes de l'horreur n'enivrent que les forts!

Le gouffre de tes yeux, plein d'horribles pensées,
Exhale le vertige, et les danseurs prudents
Ne contempleront pas sans d'amères nausées
Le sourire éternel de tes trente-deux dents.

Pourtant, qui n'a serré dans ses bras un squelette,
Et qui ne s'est nourri des choses du tombeau?
Qu'importe le parfum, l'habit ou la toilette?
Qui fait le dégoûté montre qu'il se croit beau.

Grandiose Larve, willst du dies Gelage
Des Lebens stören? oder aber blieb
Dir im Gebein vom Kitzel früherer Tage
Zurück was hier in Satans Garn dich trieb?

Glaubst du bei Geigen und entbrannten Kerzen
Den Alben abzutun mit seinem Lächeln?
Und soll dem Höllenglast in deinem Herzen
Der Sturzbach dieser Orgien Kühlung fächeln?

Grundloser Bronn von Dummheit und Verschulden!
Kelch der die alte Qual uns destilliert!
Durchs Stabwerk deiner leeren Rippenmulden
Zeigt sich die Natter die um Fraß noch irrt.

Ich frage mich: wird deiner Koketterie
Auch ihr verdienter Lohn beschieden sein?
Den Spott erfaßt der Haufe hier doch nie
Nur Starke saugen lustvoll Grauen ein.

Aus hohlen Augen haucht verruchtes Sinnen
Noch Schwindel und beim Anblick weckt gewiß
Den zagen Tänzern bittres Würgen innen
Dein volles ewig lächelndes Gebiß.

Und doch – wo ist der kein Skelett umfangen
Und nicht von Gräbergut die Mahlzeit hielt?
Was kann hier Pflege Duft und Kleid verfangen?
Fein schilt sich selber wer den Heiklen spielt.

Bayadère sans nez, irrésistible gouge,
Dis donc à ces danseurs qui font les offusqués:
»Fiers mignons, malgré l'art des poudres et du rouge,
Vous sentez tous la mort! O squelettes musqués,

Antinoüs flétris, dandys à face glabre,
Cadavres vernissés, lovelaces chenus,
Le branle universel de la danse macabre
Vous entraîne en des lieux qui ne sont pas connus!

Des quais froids de la Seine aux bords brûlants du Gange,
Le troupeau mortel saute et se pâme, sans voir
Dans un trou du plafond la trompette de l'Ange
Sinistrement béante ainsi qu'un tromblon noir.

En tout climat, sous tout soleil, la Mort t'admire
En tes contorsions, risible Humanité,
Et souvent, comme toi, se parfumant de myrrhe,
Mêle son ironie à ton insanité!«

Du Bajadere der die Nase fehlt
Begehrenswertes Weib! sprich du zu jenen:
»Ihr Äffchen, ob ihrs unterm Puder hehlt
Riecht doch nach Tod! O duftende Gebeine ihr und Sehnen

Ihr glatten Dandys, Aas im Firnisglanz
Du greiser Lovelace, Antinous
Euch führt der ungeheure Totentanz
Mit in ein Land das dunkel bleiben muß.

Vom Seinequai zum Ganges, durch die Welt
Taumelt des Todes Herde, blickt nicht auf
Wo die Drommete die der Engel hält
Im Dachstuhl gähnt – ein schwarzer Büchsenlauf.

Mors schaut Dir, Menschheit, beim Verrecken zu
Gelächter das du bist in allen Zonen
Und läßt, mit Myrrhen parfümiert wie du
Versteckten Hohn bei deiner Tollheit wohnen!«

L'amour du mensonge

Quand je te vois passer, ô ma chère indolente,
Au chant des instruments qui se brise au plafond,
Suspendant ton allure harmonieuse et lente,
Et promenant l'ennui de ton regard profond;

Quand je contemple, aux feux du gaz qui le colore,
Ton front pâle, embelli par un morbide attrait,
Où les torches du soir allument une aurore,
Et tes yeux attirants comme ceux d'un portrait,

Je me dis: Qu'elle est belle! et bizarrement fraîche!
Le souvenir massif, royale et lourde tour,
La couronne, et son cœur, meurtri comme une pêche,
Est mûr, comme son corps, pour le savant amour.

Es-tu le fruit d'automne aux saveurs souveraines?
Es-tu vase funèbre attendant quelques pleurs,
Parfum qui fait rêver aux oasis lointaines,
Oreiller caressant, ou corbeille de fleurs?

Je sais qu'il est des yeux, des plus mélancoliques,
Qui ne recèlent point de secrets précieux;
Beaux écrins sans joyaux, médaillons sans reliques,
Plus vides, plus profonds que vous-mêmes, ô Cieux!

Die Lust an der Lüge

Wenn sich mein Aug an dein gelassnes Schreiten
Beim Lied der Geigen durch den Saal verliert
An deinen trägen Wandel und das Gleiten
Der Blicke welche Anteil nicht regiert;

Betrachte ich im Gaslicht das sie tönt
Die Stirne der zum Frührot Fackeln taugen
Wie Bleichsucht pathologisch sie verschönt
Und die Magie der bildnishaften Augen

Hab ich befremdlich blühend sie gefunden
Erinnerung krönte als ein Turm das Weib
Ihr Herz der mürbe Pfirsich voller Wunden
Ist reif für weises Lieben wie ihr Leib.

Bist du die schwere Herbstfrucht voller Saft?
Bist du die Urne worauf Tränen fallen
Ein Duften das wie Wüstenwind erschlafft
Ein Pfühl ein Blumenkorb was von dem allen?

Ich weiß um Augen, trauriger sind keine
In welchen nichts Verschwiegnes sich erkennt
Entleerte Medaillons und hohle Schreine
So tief und kalt ist nicht das Firmament.

Mais ne suffit-il pas que tu sois l'apparence,
Pour réjouir un cœur qui fuit la vérité?
Qu'importe ta bêtise ou ton indifférence?
Masque ou décor, salut! J'adore ta beauté.

Mir aber der ich wahres Wesen flieh
Mag dieser Schein im Herzen Lust vertreten
Was tut dein Stumpfsinn deine Apathie
Idol, Attrappe! Laß mich vor dir beten.

Je n'ai pas oublié, voisine de la ville,
Notre blanche maison, petite mais tranquille;
Sa Pomone de plâtre et sa vieille Vénus
Dans un bosquet chétif cachant leurs membres nus,
Et le soleil, le soir, ruisselant et superbe,
Qui, derrière la vitre où se brisait sa gerbe,
Semblait, grand œil ouvert dans le ciel curieux,
Contempler nos dîners longs et silencieux,
Répandant largement ses beaux reflets de cierge
Sur la nappe frugale et les rideaux de serge.

Noch lebt mir unser Haus das abgeschieden
Vorstädtisch lag in seinem weißen Frieden
Mit Venus Gipsfigur und Flora deren Zucht
In jenen kargen Büschen Schutz gesucht
Und auch die Sonne wie sie feucht sich neigte
Und sich durchs Fenster das sie brach dann zeigte
Am schauenden Gezelt ein Aug das unverwandt
Auf unsrer langen stummen Mahlzeit stand
Und überall mit Kerzenlicht beschienen
Ländliche Kost und linnene Gardinen.

La servante au grand cœur dont vous étiez jalouse,
Et qui dort son sommeil sous une humble pelouse,
Nous devrions pourtant lui porter quelques fleurs.
Les morts, les pauvres morts, ont de grandes douleurs,
Et quand Octobre souffle, émondeur des vieux arbres,
Son vent mélancolique à l'entour de leurs marbres,
Certe, ils doivent trouver les vivants bien ingrats,
A dormir, comme ils font, chaudements dans leurs draps,
Tandis que, dévorés de noires songeries,
Sans compagnon de lit, sans bonnes causeries,
Vieux squelettes gelés travaillés par le ver,
Ils sentent s'égoutter les neiges de l'hiver
Et le siècle couler, sans qu'amis ni famille
Remplacent les lambeaux qui pendent à leur grille.

Lorsque la bûche siffle et chante, si le soir,
Calme, dans le fauteuil je la voyais s'asseoir,
Si, par une nuit bleue et froide de décembre,
Je la trouvais tapie en un coin de ma chambre,
Grave, et venant du fond de son lit éternel
Couver l'enfant grandi de son œil maternel,
Que pourrais-je répondre à cette âme pieuse,
Voyant tomber des pleurs de sa paupière creuse?

Die Schaffnerin voller Geduld die dein Argwohn betraf
Und die unterm dürftigen Rasen nun schlummert den Schlaf
Weißt du es nicht daß wir ihr Blumen schulden?
Schwer müssen all die armen Toten dulden
Und führt Oktober mit dem Blätterhauf
Trostlose Reigen auf den Gräbern auf
Wie sollten sie nicht herzlos schelten können
Die Lebenden die sich den Schlummer gönnen
Wenn sie in ihrer schwarzen Grübelnacht
In der kein Buhle und kein Zuspruch wacht
Den Wurm an ihren alten Knochen fühlen
Und Wasser die den Winterschnee verspülen
Und durch das Säkulum das hingeht flattern
Trotz Freund- und Sippschaft Fetzen an den Gattern.

Käme einst spät wenn die Holzglut sich neigt
Sie die sich still ihren Platz sucht und schweigt
Wenn im blauen Nachtfrost der Winterwende
Ich im Eck meines Zimmers gekauert sie fände
Die ernst ihr ewiges Bette verlassen
Das Kind das heranwuchs im Blick zu umfassen
Was könnt ich der armen Seele erwidern
Wenn ich weinen sie sähe aus hohlen Lidern?

Brumes et pluies

O fins d'automne, hivers, printemps trempés de boue,
Endormeuses saisons! je vous aime et vous loue
D'envelopper ainsi mon cœur et mon cerveau
D'un linceul vaporeux et d'un vague tombeau.

Dans cette grande plaine où l'autan froid se joue,
Où par les longues nuits la girouette s'enroue,
Mon âme mieux qu'au temps du tiède renouveau
Ouvrira largement ses ailes de corbeau.

Rien n'est plus doux au cœur plein de choses funèbres,
Et sur qui dès longtemps descendent les frimas,
O blafardes saisons, reines de nos climats,

Que l'aspect permanent de vos pâles ténèbres,
— Si ce n'est, par un soir sans lune, deux à deux,
D'endormir la douleur sur un lit hasardeux.

Nebel und Regen

Herbstende Winter Lenz, durchtränkt von Regen
Schläfernde Jahreszeiten die bewegen
Zu Lob und Liebe wenn im Dunst erkalten
Mein Herz und Hirn in eines Bahrtuchs Falten.

In Ebnen wo von Süden Stürme fegen
Windfahnen nachts sich drehn mit heisern Schlägen
Wird meine Seele besser als im Walten
Des Lenzes ihren Rabenflug entfalten.

Im Herzen da Verdüstrung eingedrungen
Und Reif sich senkte kann kein Trost mehr wohnen
Ihr blassen Königinnen unsrer Zonen

Als die Betrachtung eurer Dämmerungen
Wenn nicht geteilter Gram zur Neumondmette
Uns schlummern läßt auf heimatlosem Bette.

Rêve parisien

à Constantin Guys

I

De ce terrible paysage,
Tel que jamais mortel n'en vit,
Ce matin encore l'image,
Vague et lointaine, me ravit.

Le sommeil est plein de miracles!
Par un caprice singulier,
J'avais banni de ces spectacles
Le végétal irrégulier,

Et, peintre fier de mon génie,
Je savourais dans mon tableau
L'enivrante monotonie
Du métal, du marbre et de l'eau.

Babel d'escaliers et d'arcades,
C'était un palais infini,
Plein de bassins et de cascades
Tombant dans l'or mat ou bruni

Et des cataractes pesantes,
Comme des rideaux de cristal,

Pariser Traum

Constantin Guys gewidmet

I

Von dieser grausen Länderei
Die Menschenauge nie erblickt
Heut morgen noch das Konterfei
Entfernt und vage mich berückt.

Schlaf geht mit Wunderbarem schwanger
Aus Laune hatt ich, bar des Zwecks
Verbannt von meiner Blicke Anger
Das ungleichförmige Gewächs

Und stolz auf meine Bildnerei
Genoß, ihr eigener Verfasser
Ich ihr berauschend Einerlei
Von Marmor und Metall und Wasser.

Gestuftes Babel von Arkaden
Ein unabsehbarer Palast
Stand voller Becken und Kaskaden
In Gold und Bronze eingefaßt

Und lastend waren Katarakte
Die wie Portieren von Kristall

Se suspendaient, éblouissantes,
A des murailles de métal.

Non d'arbres, mais de colonnades
Les étangs dormants s'entouraient,
Où de gigantesques naïades,
Comme des femmes, se miraient,

Des nappes d'eau s'épanchaient, bleues,
Entre des quais roses et verts,
Pendant des millions de lieues,
Vers les confins de l'univers;

C'étaient des pierres inouïes
Et des flots magiques; c'étaient
D'immenses glaces éblouies
Par tout ce qu'elles reflétaient!

Insouciants et taciturnes,
Des Ganges, dans le firmament,
Versaient le trésor de leurs urnes
Dans des gouffres de diamant.

Architecte de mes féeries,
Je faisais, à ma volonté,
Sous un tunnel de pierreries,
Passer un océan dompté;

Et tout, même la couleur noire,
Semblait fourbi, clair, irisé;

Weit überhängend schimmernd nackte
Gemäuer drückten von Metall.

Und keine Bäume – Kolonnaden
Die um den Schlaf der Teiche standen
Wo sich gigantische Najaden
Wie Frauen abgespiegelt fanden.

Es dehnten blauende Kanale
In rosa und in grünen Quadern
Durch meilenweite Areale
Zum Weltenende ihre Adern;

Man sah Gestein das nie erhört
Und Fluten die gebannt; es fingen
Sie Spiegelfluchten die betört
Von all dem Glanze übergingen.

Es glitten tonlos und gemessen
In Strömen – jeder war ein Ganges –
Vom Himmel Schätze aus Gefäßen
In Grüfte diamantnen Hanges.

Ich Bauherr meiner Augenweiden
Entließ auf eigenes Begehr
Durch ein Gewölbe von Geschmeiden
Gebändiget ein ebbend Meer

Und alles selbst das Schwarze deuchte
Mich spiegelklar poliert zu sein

Le liquide enchâssait sa gloire
Dans le rayon cristallisé.

Nul astre d'ailleurs, nuls vestiges
De soleil, même au bas du ciel,
Pour illuminer ces prodiges,
Qui brillaient d'un feu personnel!

Et sur ces mouvantes merveilles
Planait (terrible nouveauté!
Tout pour l'œil, rien pour les oreilles!)
Un silence d'éternité.

Es fügt ihr Blendendes die Feuchte
Rings in kristallne Rahmen ein.

Kein Stern – und selbst die tiefsten Sphären
Des Himmels ohne Sonnenlicht
Um jene Wunder zu verklären
Aus denen eignes Feuer bricht.

Und über dem lebendigen Flor
Verstrich (o neustes Leid
Den Augen alles nichts dem Ohr)
Ein Schweigen der Ewigkeit.

2

En rouvrant mes yeux pleins de flamme
J'ai vu l'horreur de mon taudis,
Et senti, rentrant dans mon âme,
La pointe des soucis maudits;

La pendule aux accents funèbres
Sonnait brutalement midi,
Et le ciel versait des ténèbres
Sur le triste monde engourdi.

2

Dann bot sich meinen Augen hier
Das Elend aller meiner Morgen
Und wieder tastete nach mir
Die Sonde der verfluchten Sorgen

Die Wanduhr schlug verrufen
Zu Mittag daß es gellt
Und der Himmel goß Nebelkufen
Auf diese schläfrige Welt.

Le crépuscule du matin

La diane chantait dans les cours des casernes,
Et le vent du matin soufflait sur les lanternes.

C'était l'heure où l'essaim des rêves malfaisants
Tord sur leurs oreillers les bruns adolescents;
Où, comme un œil sanglant qui palpite et qui bouge,
La lampe sur le jour fait une tache rouge;
Où l'âme, sous le poids du corps revêche et lourd,
Imite les combats de la lampe et du jour.
Comme un visage en pleurs que les brises essuient,
L'air est plein du frisson des choses qui s'enfuient,
Et l'homme est las d'écrire et la femme d'aimer.

Les maisons çà et là commençaient à fumer.
Les femmes de plaisir, la paupière livide,
Bouche ouverte, dormaient de leur sommeil stupide;
Les pauvresses, traînant leurs seins maigres et froids,
Soufflaient sur leurs tisons et soufflaient sur leurs doigts.
C'était l'heure où parmi le froid et la lésine
S'aggravent les douleurs des femmes en gésine;
Comme un sanglot coupé par un sang écumeux,
Le chant du coq au loin déchirait l'air brumeux;
Une mer de brouillards baignait les édifices,
Et les agonisants dans le fond des hospices
Poussaient leur dernier râle en hoquets inégaux.
Les débauchés rentraient, brisés par leurs travaux.

Das Morgengrauen

Das Wecken blies im Hofe der Kasernen
Und Wind der Frühe strich entlang an den Laternen.

Es war die Stunde wo sich unter Träumen
Im Bett die braunen Knabenleiber bäumen
Wo wie ein blutend Aug das zittert und das zuckt
Die Lampe auf den Tag die rote Lache tupft
Und wo die Seele in des spröden Leibes Schwergewicht
Zum zweitenmal den Kampf von Tag und Lampe ficht.
Wie Wangen denen Wind die Tränen nimmt
Erschauerte die Luft vom Leben das verschwimmt
Vom Schreiben ist der Mann, die Frau vom Lieben matt.

Rauch kam aus manchen Häusern in der Stadt.
Die Dirnen lagen, farblos ihre Lider
Ihr Mund geöffnet, stumpf im Schlaf darnieder;
In Lumpen schlichen Weiber die verbrauchten
Die bald ihr Feuerchen bald ihre Hand behauchten.
Es war die Stunde wo in Frost und in Entbehren
Die Wehen Schwangerer gesteigert wiederkehren;
So wie ein Schluchzen stirbt am Blutsturz aus den Lungen
Kam durch die Nebelwand der Hahnenschrei gedrungen
Ein Dunstmeer übergoß die Bauten und die Mäler
Und die Verscheidenden im Schoß der Hospitäler
Verröchelten in Stößen unter Pfeifen.
Lüstlinge sah erschöpft man heimwärts streifen.

L'aurore grelottante en robe rose et verte
S'avançait lentement sur la Seine déserte,
Et le sombre Paris, en se frottant les yeux,
Empoignait ses outils, vieillard laborieux.

Ganz langsam zog in rosiggrünem Flore
Am Seinequai herauf die frierende Aurore
Und mürrisch nahm Paris das sich dem Schlaf entwand
In seiner Fron ergraut das Werkzeug in die Hand.

Inhalt

- 5 Walter Benjamin, Die Aufgabe des Übersetzers
- 25 Charles Baudelaire, Tableaux Parisiens

- 26 Paysage
- 27 Landschaft
- 28 Le soleil
- 29 Die Sonne
- 30 La lune offensée
- 31 Die Kränkung der Luna
- 32 Le cygne
- 33 Der Schwan
- 38 Les sept vieillards
- 39 Die sieben Greise
- 44 Les petites vieilles
- 45 Alte Frauen
- 54 Les aveugles
- 55 Die Blinden
- 56 A une passante
- 57 Einer Dame
- 58 Le squelette laboureur
- 59 Das Skelett bei der Arbeit
- 62 Le crépuscule du soir
- 63 Die Abenddämmerung
- 66 Le jeu
- 67 Das Spiel
- 70 Dans macabre
- 71 Totentanz

76 L'amour du mensonge
77 Die Lust an der Lüge
80 *Je n'ai pas oublié...*
81 *Noch lebt mir unser Haus...*
82 *La servante au grand coeur...*
83 *Die Schaffnerin voller Geduld...*
84 Brumes et pluies
85 Nebel und Regen
86 Rêve parisien
87 Pariser Traum
94 Le crépuscule du matin
95 Das Morgengrauen

Von Walter Benjamin erschienen im Suhrkamp Verlag

Schriften. *2 Bände (vergriffen)*
Illuminationen. *Ausgewählte Schriften*
Ursprung des deutschen Trauerspiels *(Oktober 1963)*

Bibliothek Suhrkamp:
Einbahnstraße
Berliner Kindheit um Neunzehnhundert

edition suhrkamp:
Städtebilder. *Nachwort von Peter Szondi*
Das Kunstwerk im Zeitalter seiner technischen Reproduzierbarkeit
Drei Studien zur Kunstsoziologie

edition suhrkamp

1 Bertolt Brecht, Leben des Galilei
2 Hermann Hesse, Späte Prosa
3 Samuel Beckett, Warten auf Godot
4 Max Frisch, Don Juan oder Die Liebe zur Geometrie
5 Günter Eich, Die Brandung vor Setúbal / Das Jahr Lazertis
6 Ernst Penzoldt, Zugänge
7 Peter Weiss, Das Gespräch der drei Gehenden
8 T. S. Eliot, Mord im Dom. *Deutsch von R. A. Schröder*
9 Bertolt Brecht, Gedichte und Lieder aus Stücken
10 Theodor W. Adorno, Eingriffe. Neun kritische Modelle
11 Ernst Bloch, Tübinger Einleitung in die Philosophie 1
12 Ludwig Wittgenstein, Tractatus logico-philosophicus
13 *im Dialog:* Wolfgang Hildesheimer, Die Verspätung
14 *im Dialog:* Heinar Kipphardt, Der Hund des Generals
15 *im Dialog:* Dieter Waldmann, Atlantis
16 *im Dialog:* M. Walser, Eiche und Angora. Eine deutsche Chronik
17 *suhrkamp texte:* Walter Benjamin, Städtebilder
   Nachwort von Peter Szondi
18 *suhrkamp texte:* Nelly Sachs, Ausgewählte Gedichte
   Nachwort von Hans Magnus Enzensberger
19 *suhrkamp texte:* Hans Erich Nossack, Der Untergang
   Nachwort von Walter Boehlich
20 *suhrkamp texte:* Hans Magnus Enzensberger, Gedichte / Die
   Entstehung eines Gedichts. *Nachwort von Werner Weber*
21 Bertolt Brecht, Aufstieg und Fall der Stadt Mahagonny
22 Ernst Bloch, Avicenna und die Aristotelische Linke
23 *suhrkamp texte:* Wolfgang Hildesheimer, Vergebliche Aufzeich-
   nungen / Nachtstück. *Nachwort von Karl Markus Michel*
24 *suhrkamp texte:* Karl Krolow, Ausgewählte Gedichte
   Nachwort von Hugo Friedrich

25 August Strindberg, Ein Traumspiel. *Deutsch von Peter Weiss*
26 Marguerite Duras, Hiroshima mon amour
27 Peter Szondi, Theorie des modernen Dramas
28 Walter Benjamin, Das Kunstwerk im Zeitalter seiner technischen Reproduzierbarkeit
29 Raymond Queneau, Zazie in der Metro
30 Martin Walser, Ein Flugzeug über dem Haus und andere Geschichten
31 Bertolt Brecht, Der kaukasische Kreidekreis
32 Max Frisch, Graf Öderland
33 T. S. Eliot, Was ist ein Klassiker? / Dante / Goethe der Weise
34 Charles Baudelaire, Tableaux Parisiens
Deutsch von Walter Benjamin
35 *suhrkamp texte:* Hermann Kasack, Das unbekannte Ziel
Nachwort von Käte Hamburger
36 *suhrkamp texte:* Max Frisch, Ausgewählte Prosa
Nachwort von Joachim Kaiser

Bibliothek Suhrkamp

1 Hermann Hesse, Die Morgenlandfahrt. *Erzählung*
2 Walter Benjamin, Berliner Kindheit um Neunzehnhundert
3 R. A. Schröder, Der Wanderer und die Heimat. *Erzählung*
4 Bertolt Brechts Hauspostille
5 Herbert Read, Wurzelgrund der Kunst. *Vier Vorträge*
6 Paul Valéry, Tanz, Zeichnung und Degas
7 C. F. Ramuz, Der junge Savoyarde. *Roman*
8 Max Frisch, Bin oder Die Reise nach Peking. *Erzählung*
9 Ernst Penzoldt, Die Portugalesische Schlacht. *Komödie*
10 T. S. Eliot, Old Possums Katzenbuch
11 Palinurus, Das Grab ohne Frieden. *Aufzeichnungen*
12 Rudolf Borchardt, Villa und andere Prosa. *Essays*
13 Raymond Radiguet, Der Ball des Comte d'Orgel. *Roman*
14 Richard Hughes, Das Walfischheim. *Märchen*
15 Gedichte des Konstantin Kavafis
16 Günter Eich, Träume. *Vier Spiele*
17 C. F. Ramuz, Erinnerungen an Igor Strawinsky
18 Gotthard Jedlicka, Pariser Tagebuch. *Aufzeichnungen*
19 Jean Giraudoux, Eglantine. *Roman*
20 Anna Seghers, Aufstand der Fischer von St. Barbara
21 T. S. Eliot, Der Privatsekretär. *Komödie*
22 Dámaso Alonso, Söhne des Zorns. *Gedichte*
23 Jugendbildnis Alain-Fournier. *Briefe*
24 Wjatscheslaw Iwanow, Das Alte Wahre. *Essays*
25 Ernst Penzoldt, Der dankbare Patient. *Ein Brevier*
26 Monique Saint-Hélier, Quick. *Erzählung*
27 Walter Benjamin, Einbahnstraße
28 Ernst Robert Curtius, Marcel Proust. *Essay*
29 G. B. Shaw, Ein Negermädchen sucht Gott
30 E. M. Forster, Ansichten des Romans

31 William Goyen, Zamour und andere Erzählungen
32 Richard Hughes, Hurrikan im Karibischen Meer
33 Bertolt Brechts Gedichte und Lieder
34 Hugo Ball, Hermann Hesse. Sein Leben und sein Werk
35 Wilhelm Lehmann, Bewegliche Ordnung. *Aufsätze*
36 Antonio Machado, Juan de Mairena
37 Peter Suhrkamp, Munderloh. *Fünf Erzählungen*
38 Ivo Andrić, Der verdammte Hof. *Erzählung*
39 Oskar Loerke, Anton Bruckner. *Ein Charakterbild*
40 Ezra Pound, ABC des Lesens
41 Bertolt Brecht, Schriften zum Theater
42 G. B. Shaw, Musik in London. *Kritiken*
43 Hermann Hesse, Klein und Wagner. *Erzählung*
44 Sherwood Anderson, Winesburg, Ohio. *Roman*
45 Julien Green, Der andere Schlaf. *Roman*
46 Ernst Penzoldt, Squirrel
47 Theodor W. Adorno, Noten zur Literatur I
48 H. Nicolson, Die Kunst der Biographie und andere Essays
49 Hans Erich Nossack, Unmögliche Beweisaufnahme
50 Ramón Pérez de Ayala, Artemis. *Zwei Novellen*
51 Marguerite Duras, Moderato Cantabile. *Roman*
52 Karl Krolow, Fremde Körper. *Neue Gedichte*
53 Paul Valéry, Über Kunst. *Essays*
54 Ernst Bloch, Spuren. *Parabeln*
55 Peter Suhrkamp, Der Leser. *Reden und Aufsätze*
56 William Faulkner, Der Bär. *Erzählung*
57 Robert Walser, Prosa
58 Wladimir Majakowski, Mysterium buffo und andere Stücke
59 Virginia Woolf, Granit und Regenbogen. *Essays*
60 Rafael Alberti, Zu Lande zu Wasser. *Gedichte*
61 Theodor W. Adorno, Mahler. *Monographie*
62 Truman Capote, Die Grasharfe. *Roman*
63 Bertolt Brecht, Flüchtlingsgespräche
64 André Gide, Paludes. *Satire*

65 Hermann Hesse, Schön ist die Jugend. *Erzählungen*
66 Henry Green, Schwärmerei. *Roman*
67 Hamza Humo, Trunkener Sommer. *Erzählung*
68 William Goyen, Haus aus Hauch. *Roman*
69 Ramón José Sender, Der Verschollene. *Roman*
70 Giuseppe Ungaretti, Gedichte
71 Theodor W. Adorno, Noten zur Literatur II
72 Hans Erich Nossack, Nekyia. *Ein Bericht*
73 Jean Giraudoux, Simon. *Roman*
74 Wenjamin Kawerin. Unbekannter Meister. *Erzählung*
75 Hermann Hesse, Knulp. *Drei Erzählungen*
76 William Carlos Williams, Gedichte
77 Ernst Bloch, Thomas Münzer. *Monographie*
78 Ernst Penzoldt, Prosa eines Liebenden
79 Joseph Roth, Beichte eines Mörders. *Roman*
80 William Faulkner, Wilde Palmen. *Erzählung*
81 Bertolt Brecht, Geschichten
82 Samuel Beckett, Erzählungen und Texte um Nichts
83 Marcel Proust, Gegen Sainte-Beuve. *Essays*
84 Wolfgang Hildesheimer, Lieblose Legenden
85 Ernst Bloch, Verfremdungen I
86 G. B. Shaw, Sechzehn selbstbiographische Skizzen
87 Max Frisch, Homo faber. *Ein Bericht*
88 Maurice Blanchot, Die Frist. *Ein Bericht*
89 Maxim Gorki, Erinnerungen an Zeitgenossen
90 Robert Musil, Aus den Tagebüchern
91 F. Scott Fitzgerald, Der letzte Taikun. *Roman*
92 Hermann Broch, Pasenow oder die Romantik. *Roman*
93 Giuseppe Ungaretti, Reisebilder
94 Ossip Mandelstam, Die ägyptische Briefmarke
95 Hermann Hesse, Demian
96 Cesare Pavese, Die Verbannung. *Erzählung*
97 Franz Kafka, Er. *Ausgewählte Prosa*
98 Samuel Beckett, Glückliche Tage und andere Stücke

99 Pablo Neruda, Gedichte
100 Peter Suhrkamp, Briefe an die Autoren
101 Max Frisch, Andorra. *Stück in zwölf Bildern*
102 Elio Vittorini, Im Schatten des Elefanten
103 William Faulkner, Als ich im Sterben lag. *Roman*
104 Arno Schmidt, Leviathan. *Erzählungen*
105 Hans Henny Jahnn, 13 nicht geheure Geschichten
106 Gershom Scholem, Judaica. *Essays*
107 Siegfried Kracauer, Ginster. *Roman*
108 Jean Giraudoux, Juliette im Lande der Männer. *Roman*
109 Marguerite Duras, Der Nachmittag des Herrn Andesmas